娱乐时代的美军形象塑造系列译丛

后浪

The Complex

How the military invades
our everyday lives

张力 李相影 主编

复合体

军事如何入侵我们每日的生活

Nick Turse

[美] 尼克·图尔斯 著

李相影 陈学军 译

民主与建设出版社
· 北京 ·

献给塔姆

好样子与好镜子

样子就是形象。按照传播学大师麦克卢汉的"媒体环境"理论，在全媒体时代，样子早已不是样子本身，而是样子留给大众的印象，是那个被各种媒介不断塑造的样子。

很久以来，军队职能的唯一性，决定了军队样子的单一性；样子的单一性，又制约着样子塑造的单调性。古今中外，概莫能外。进入后工业时代，战争与和平的界限越来越模糊，平时是战时的延续，平时就是战时。信息时代，网络战、舆论战、心理战、思想战等新的作战样式层出不穷，传统意义上的战争面貌已发生根本性改变。

未来学家阿尔文·托夫勒说，人类以什么样的方式生产，就以什么样的方式打仗。当人类社会进入信息化、网络化时代，纳米技术、量子通信、人工智能、无人驾驶等新概念、新技术的军事化应用，以及由此拓展的新的战场疆域和军事文化，不但刷新着人们对现代战争的认知，而且迅速改变着现代军队和现代军人的样子。

战场上，子弹、炮火可以对目标进行硬杀伤。然而，胜战之道，贵在夺志。赢得战争，未必赢得民心。民心才是最重要的政治因素，亦是战略性政治资源。处在信息化战争前沿的现代军人，如何同时打赢战场和舆论场这两场战争，是必须要面对和破解的胜战之问。简言之，新时代强军之道，除了要锻造"能打胜仗"的"好样子"，还必须铸造"塑造态势"的"好镜子"。

"9·11"事件后，美国为重塑全球形象，缓解在阿拉伯乃至伊斯兰世界的形象危机，启动了一场针对特定受众、采取特定方式的战略传播计划。实践近十年后，奥巴马总统正式向国会提交了一份《国家战略传播架构》报告。由此开始，"战略传播"成为美国实施全球文化软实力影响的代名词。报告开篇即强调："在我们所有的努力中，有效的战略传播对于维护美国的全球合法性以及支持美国的政策目标至关重要。"

美国的战略传播概念，强调统筹协调使用美国国内外军、政、商、民等各界力量资源，针对既定目标受众，进行一体化设计、精准化传播、持续化影响。战略传播被定义为"精心设计的传播"。这标志着美国已经将国内外形象传播提升到国家战略高度。

对美军而言，在全球公众中塑造正义、强大、富有人情味的军队形象，是美军战略传播的重要目标。美军认为：一方面，通过展示美军的强大，可以对对手形成战略威慑；另一方面，通过展示美军的正义性和亲近性，可以获取目标受众对美军的心理认同。为此，美军专门设有公共事务部门负责军队形象塑造。

"精心设计的传播"离不开对受众心理的精细研究，离不开对大众传媒的精妙运用。长期以来，美国战争大片、美军战争游戏、美军视频节目等娱乐产品，以公众习以为常、喜闻乐见的方式，送达每一位目标受众的眼前。而且，因为这些产品实际上已完成市场化转换，最后以商品形式流通至全世界，目标受众最终以购买形式进行消费。每完成一次消费，也就意味着消费者（目标受众）心甘情愿地接受了一次价值观的洗礼。

美国的战略传播的手段，是要统筹协调使用全国力量资源，这里面自然就包括其金融科技、军工媒介、教育娱乐等国际领先行业。尤其借助好莱坞、互联网的全球市场优势，美军实施的"嵌入式"传播时常占据行业头部资源，而这一现象已有数十年历史。1986 年，一部海军招飞电影《壮志凌云》成为全球大卖商业片，实现了形象感召和市场票房双丰收。2002 年，一款美国陆军征兵游戏《美国陆军》上线，后来变成全球畅销至今的军事网游。美军不但用它征兵练兵，还用它宣传教育，并最终将其培育成一条庞大的产业链。

近年来，在美军的战略传播实践中，以游戏、影视、视频等为行业代表的军事与市场的双轮驱动，犹如鸟之两翼，共同托起了美军全球形象的有效传播，且逐渐发展成一种你中有我、我中有你，军民共赢、互相成就的"军事-娱乐复合体"。至此，"看不见的宣传"最终通过市场这只手，变成"看得见且喜闻乐见的宣传"，"精心设计的传播"最终通过商业逻辑，变成既产生 GDP又催生战斗力的新业态。"好样子"与"好镜子"在这里完美结合。

他山之石，可以攻玉。首次引进出版的这套"娱乐时代的美军形象塑造系列译丛"，是对"军事-娱乐复合体"这一特殊现象的案例式介绍和分析。希望通过书中原汁原味的讲解，能引发国内相关部门和读者对美军这一现象的关注和研究。

张力

2020 年 7 月于北京

目 录

生活中的一天

　　瑞克是纽约市一家金融服务公司的中层经理。他和妻子唐娜以及十几岁的儿子史蒂文住在离纽约市只有一河之隔的新泽西维霍肯①，由于工作原因他每天在两地之间往返。作为一个在"婴儿潮"②晚期出生的人，瑞克错过了越战时期的反战抗议，但他从一开始就反对伊拉克战争。他认为五角大楼已经失去控制，而军事-工业复合体对美国来说是一种威胁。如果你问他，他会认为自己在这方面学识渊博。他是通过努力自学来认识这一问题的，他浏览自由主义网站，订阅有进步思想的杂志等，他还是乔恩·斯图尔特《每日秀》的忠实粉丝。

　　事实上，他不知道五角大楼的"兔子洞"③到底有多深，也

---

① 很多在纽约市工作的人，都住在周边地区，比如在与纽约市一河之隔的新泽西州，每天有大批的人"渡河"来上班。（译者注，后同）
② "婴儿潮"（baby boom）：是指美国第二次世界大战后的"4664"现象——从1946年至1964年，这18年间出生婴儿高达7800万人。
③ 来自童话《爱丽丝漫游奇境》。

不知道他和家人已经陷了多深。瑞克认为，尽管军事-工业复合体的影响范围很广，但它是一个与他日常生活相距甚远的独立实体。现在，如果这是 1961 年，即将离任的德怀特·D.艾森豪威尔总统告诫美国民众警惕已经在美国根深蒂固的"复合体"和"大型军工产业"的"不合理影响"时，那么，瑞克的观点或许是正确的。毕竟，他并不为五角大楼的合作伙伴工作，比如军火制造商洛克希德·马丁。他不在陆军预备役工作。他从未参加过海军陆战队的乐队演出（更不用说陆军、海军或空军的乐队了）。但是，今天这个增速的高科技复合体与艾森豪威尔时代的橄榄色制服完全不同：它深入美国人生活和心灵的程度，超过了艾森豪威尔的想象。事实是，瑞克的生活在很多不太显著的形式上都与军队紧密相连。

一个秋天的早晨，当瑞克的索尼（美国国防部承包商制造）闹钟打断了他晚上的最后一个梦时，瑞克醒来了。唐娜已经起床了，她穿着丹金斯健身服（它由一家五角大楼的供应商生产，该制造商在 2004 年获得了超过 78 万美元的国防部拨款，2005 年又获得了 45.6 万美元拨款）和恒适内衣（由国防部承包商和蛋糕销售商美国莎莉集团制造，该集团在 2006 年从国防部获得 6800 多万美元拨款）。唐娜推崇健康的生活方式，她穿着新百伦（国防部承包商生产）的运动鞋，在真正健身科技（国防部承包商）制造的跑步机上轻快地慢跑。

之后，瑞克去了趟洗手间（卫浴制品来自五角大楼承包商科勒，在国防部承包商家得宝购买）。他撕了恰敏牌（Charmin）卫生纸，用佳洁士牙膏刷牙，用诺克斯玛（Noxzema）洗脸，然后走进淋浴间，用宝洁"激爽"（Zest）沐浴露洗澡，用唐娜的植源本草（Herbal Essences）洗发水洗头——"管他呢，"他咕哝道，"我应该有一次有机的体验"（这些产品的制造商宝洁公司跻身国防部承包商百强之列，并在 2006 年从五角大楼获得了 3.62 亿美元的利润）。

　　他戴上了博士伦（国防部承包商制造）隐形眼镜，为治疗溃疡吃了一片雷尼替丁 ①（来自国防部承包商葛兰素史克）。回到卧室，他发现唐娜已经做完锻炼，正在铺床——同时打开电视新闻，他开始帮唐娜铺床（他们的床头板是从托马斯维尔家具公司购买的，床垫是从西尔斯公司购买的，枕头由哈里斯枕头供应公司制造，这些公司都是五角大楼的承包商）。他们交换了一下严肃的眼神，三星电视机（另一个国防部承包商制造）的《今日秀》节目正在播放着伊拉克最新的混乱局势。"感谢上帝，我们从来没有支持过这场战争"，瑞克说，他甚至想到了在美国入侵伊拉克之前，唐娜和他参加的反战集会（美国全国广播公司是《今日秀》的制作方，它归通用电气所有，通用电气是美国第 14 大国防承包商，2006 年它从国防部获得 23 亿美元拨款，它还参与了 UH-60 黑鹰直升机和 F/A-18 大黄蜂多任务战斗机 / 攻击机等武器系统的研发，而这两种武器都在伊拉克被投入使用）。

　　当然，五角大楼长期以来一直将美国税收放入私人金库，使其为军队提供武器装备发挥作用。在艾森豪威尔发表告别演说时，《纽约时报》记者杰克·雷蒙德指出五角大楼"每年花费 230 亿美元用于枪支、导弹、飞机、车辆、坦克、弹药、电子设备、

---

① Zantac 即善卫得，为阻织胺 H2-受体拮抗剂，能抑制基础胃酸和外界刺激引起的胃酸分泌，可使胃酸减少，胃蛋白酶活性降低，而且具有速效和长效的特点。

服装和其他军用物资的服务和采购"。今天，这笔资产大约相当于2000亿美元。2007年，美国国防部公布的预算为4390亿美元。如果算上伊拉克和阿富汗战争的花费，这个数字已经超过了6000亿美元。考虑到其他机构开展的许多相关活动，美国每年实际的国家安全支出已接近1万亿美元。

早在艾森豪威尔时代，就有军火商和大型企业，例如洛克希德·马丁公司和通用汽车公司控制着军事－工业复合体的企业方面。如今，这样的公司仍然发挥着极其强大的作用，但与遍布美国东海岸乃至全球的承包商的规模相比，它们就相形见绌了。艾森豪威尔发表告别演说将近10年后，美国的军国主义问题专家、记者西德尼·伦斯（Sidney Lens）指出，1970年有2.2万名主要承包商与美国国防部有业务往来。今天，总承包商数量达到4.7万，分包商数量超过10万，从顶级电脑制造商戴尔（2006年第50大国防部承包商）到石油巨头埃克森美孚国际公司（第30大国防部承包商）再到包装运输业巨头美国联邦快递公司（第26大国防部承包商），这是一个几乎触及社会各个领域的大型企业集团。事实上，五角大楼的工资单上都是名副其实的世界顶尖公司：IBM美国国际商业机器公司、时代华纳、福特和通用汽车、微软公司、美国全国广播公司及其母公司通用电气、希尔顿酒店和万豪酒店、美国哥伦比亚三星公司及其母公司索尼、辉瑞（美国制药公司）、莎莉集团、宝洁、玛氏公司和好时公司、雀巢、娱乐与体育节目电视网及其母公司华特·迪士尼、美国银行、美国强生公司……还有许多其他的大公司。但是现在和过去的区别不仅仅是在规模上。正如这份清单所显示的，五角大楼的财务支出正在入侵以往被忽视的美国人的生活领域：娱乐、大众消费、体育。这种渗透也在转化为与公众互动的各种不同形式。

瑞克和唐娜的家充满了这种"被入侵的果实"。当他们在厨房里徘徊，以便为即将到来的一天做准备时，他们从壁柜（从国防部承包商劳氏公司家中心购买）走到冰箱（从国防部承包商美泰克公司购买），然后从五角大楼承包商生产的一系列产品中选择早餐。毫不夸张地说，为五角大楼的战争机器提供食物的这些公司，也是生产了那些塞满美国厨房货架的食品的公司。

和军队的其他方面一样，近年来，食品领域也发生了根本性的变化。美国海军早在 20 世纪 90 年代末就废弃了它的牛奶厂。老战争片经常讲的笑话是，"厨房巡警"①士兵如何为一大堆土豆削皮。当"厨房巡警"私营化并成为像法国索迪斯餐饮服务公司的大生意时（索迪斯为海军陆战队提供食物，并在 2006 年从国防部获得超过 1.54 亿美元经费），这样的场景也就消失了。亚致力物流公司脱胎于科威特，以前叫作物流公共仓储公司（2006 年从五角大楼获得 18 亿美元经费），它是美军在伊拉克战区的主要食品供应商，还有凯洛格·布朗·路特（KBR）集团的雇员和分包商，会为驻伊拉克美军解决从做饭到洗碗等一系列问题。如今，几乎每家超市的主食都与五角大楼有关。

你厨房里的"五角大楼"

食品	国防部承包商
晚八点薄荷糖	雀巢
阿贾斯金属丝球	高露洁

---

① 厨房巡警（KP）是服务生和服务生职责的结合，是指分配给马蹄营地的童子军。

V

续表

阿夸菲纳纯净水	百事可乐
雅典罗斯市鹰嘴豆泥	卡夫食品 / 奥驰亚
杰迈玛阿姨糖浆	百事可乐
百吉饼	亨氏公司
多力多滋烤玉米片	百事可乐
宝伦斯能量棒	卡夫食品 / 奥驰亚
棒球场热狗	莎莉集团
贝多利橄榄油	联合利华公司
亚洲蔬菜：芝麻生姜酱	鸟眼
墨西哥鸡肉卷	鸟眼
波波利比萨皮	乔治·韦斯顿公司
邦缇纸巾	宝洁公司
白松干酪	卡夫食品 / 奥驰亚
爆米花	泰森食品
大黄蜂金枪鱼	大黄蜂海鲜
火鸡	康尼格拉食品
C&W 意大利切青豆	鸟眼
喜瑞欧麦片	通用磨坊
奇奇酱汁	荷美尔
蔬菜意面汤	金宝汤公司
咖啡伴侣	雀巢
鸡汤	德尔蒙食品
农夫牌番茄酱	德尔蒙食品
人造黄油	联合利华公司
麦片粥	卡夫食品 / 奥驰亚
牛奶	Cream-O-Land Dairy

续表

矿物质软饮料	卡夫食品 / 奥驰亚
达萨尼纯净水（非碳酸气水）	可口可乐公司
道恩洗碗液	宝洁公司
德尔蒙番茄丁	德尔蒙食品
水晶糖	帝国糖
都乐菠萝罐头	都乐食品
地球谷物：冷冻大蒜蓉面包	莎莉集团
巴氏杀菌鸡蛋产品	康尼格拉食品
蓝莓煎饼	家乐氏
华夫饼干	家乐氏
面包屑甜甜圈	乔治·韦斯顿公司
无花果	纳贝斯克 / 卡夫食品 / 奥驰亚
水果 20 果味水	卡夫食品 / 奥驰亚
葡萄仁麦片	卡夫食品 / 奥驰亚
绿巨人芦笋尖	通用磨坊
第戎芥末酱	卡夫食品
亨氏醋	亨氏公司
绿色肉汤	荷美尔食品
好时巧克力糖浆	好时食品
希尔郡农场薰火鸡胸	莎莉集团
地平线有机奶	迪恩食品
冰暴口香糖	好时食品
杰克·丹尼烧烤酱	亨氏公司
吉米·迪恩低盐培根	莎莉集团
Kikkoman 万字 日式照烧汁	Kikkoman International
基克斯麦片	通用磨坊

续表

拉蔡酱	康尼格拉食品
立顿 冰红茶	联合利华公司
马尔卡尔餐巾纸	Marcal Paper Mills
味好美纯香草精	味好美
美汁源轻柠檬汁	可口可乐公司
洁碧先生 多用途清洁剂	宝洁公司
吉田先生的夏威夷糖醋酱	亨氏公司
慕乐的意大利面	美国意大利面食
缪尔·格伦：经典的意大利蔬菜汤	通用磨坊
天然荷叶边薯片	百事可乐公司
天然山谷 格兰诺拉燕麦卷	通用磨坊
自然之井：无抗生素的用玉米喂养的牛肉	National Beef Packing
近东：蒸粗麦粉	百事可乐公司
雀巢甜柠檬冰茶	雀巢
日清杯面	日清食品
海洋喷雾红莓汁	海洋喷雾蔓越莓公司
老埃尔·帕索辣番茄酱	通用磨坊
Orbit 口香糖	箭牌糖果有限公司
Ore-Ida 法式炸薯条	亨氏公司
奥利奥饼干	纳贝斯克 / 卡夫食品 / 奥驰亚
有机嫩菠菜	都乐食品
棕榄洗碗皂	高露洁
非凡农庄：七种谷物面包	金宝汤公司
波兰泉矿泉水	雀巢
能量棒	雀巢

续表

奥美拉唑非处方心痛药	宝洁公司
新英格兰蛤蜊浓汤	通用磨坊
泡芙化妆纸	宝洁公司
桂格燕麦片	百事可乐公司
脆米花	家乐氏
佐尼意大利面	新世界面食
S&W 黑豆	德尔蒙食品
圣乔治通心粉	新世界面食
西尔克豆浆	迪恩食品
四季宝天然花生酱	联合利华公司
快苗条便携饮食	联合利华公司
斯味可天然花生酱	J.M. 斯味可
斯味可草莓蜜饯	J.M. 斯味可
Snackwell's 无脂肪魔鬼食品曲奇饼	卡夫食品
天然洗手液	高露洁
特殊 K 麦片	家乐氏
勺子小麦片	卡夫食品
史都华 烤蔬菜法国面包比萨	雀巢
斯旺森认证有机蔬菜汤	金宝汤公司
托马斯的英式松饼	乔治·韦斯顿公司
三角巧克力	卡夫食品 / 奥驰亚
康纳橙汁	百事可乐公司
泰森鸡汤	泰森食品公司
泰森鸡肉法吉达套餐	泰森食品公司
本叔叔的大米	玛氏食品
V8 果蔬汁	金宝汤公司

续表

小麦薄饼干	纳贝斯克 / 卡夫食品 / 奥驰亚
小麦饼干	奇宝
Wish-Bone 意大利沙拉	联合利华公司
沃尔夫冈·帕克 美味比萨	康尼格拉

　　许多家用电器也是如此。在瑞克和唐娜的餐厅里，一台小型伦巴（Roomba）真空机器人吸尘器在地板上嗡嗡作响。瑞克认为这个场景很有趣，这个小机械装置在房子里转来转去，可以让他们忙碌的生活稍微轻松一点。至于伦巴的制造商 iRobot 如何接受美国的税收（2006 年其经费中的 5100 万美元来自国防部，这个数字超过了公司收入的 1/4），如何把伦巴改造成背包机器人，即美军占领伊拉克和阿富汗时使用的战术机器人，以及从 2008 年开始使用的 Warrior X700s——装备有诸如机枪等重武器的 113.4 千克重的半自动机器人的事情，瑞克并不清楚。除了向平民消费者销售数以百万计的伦巴外，该公司还利用政府税收的资金在其民用业务上赚钱。该公司 2006 年 12 月的年度报告（该报告将国防高级研究计划局、美国空间和海战系统司令部、美国陆军坦克-汽车和武器司令部，以及美国陆军武器研究、开发和工程中心列为其"研究支持机构"）显示，政府资助"允许 iRobot 公司加速多种技术的发展"。iRobot 公司保留了"专利和专有技术的所有权，并且（通常）可以利用这些项目中的技术自由开发其他商业产品，包括消费品和工业产品"。这是一笔很好的交易，iRobot 显然也并不是唯一一家这样做的公司。

　　放在餐桌上的是瑞克的惠普笔记本电脑。惠普是另一家通过丰厚的军事合同发展其民用技术的公司，比如 2005 年它与国防高级研究计划局签署的一份为期数年、价值数百万美元的协议，该协议旨在"开发技术以提高在作战和其他重要行动中使用的至关重要的计算机网络的性能"。该公司发言人指出，"我们为国防高级研究计划局所做工作的目的，是显著地提高互联网的性能……如果我们能够成功地创造出检测和分流互联网流量的新方法，我们可能会看到在某些以前认为互联网过于危险的领域，互联网被用作事实上的通讯和信息网络的情况"。这些成果当然也会转化为更有利可图的民用工作。

与此同时，瑞克和唐娜的儿子史蒂文还在楼上沉迷于电脑游戏。他的房间真实地展示了 21 世纪复合体的娱乐-体育-高科技-流行文化的新维度：有纳斯卡车赛的海报（2005 年超过 3800 万美元的纳税人的钱花在了美国军队的赛车上）、美国国家橄榄球联盟（NFL）球衣和棒球帽（美国国家橄榄球联盟与五角大楼合作，在电视转播常规赛和季后赛时创建的军事形象，而美国国家橄榄球联盟的各个球队也举办了"致敬军队"活动）、《X 战警》漫画书（五角大楼与漫威漫画公司合作，制作以支持五角大楼为主题的限量版的"军方专属"漫画书，现在深受平民收藏家追捧），还有一个装满空"激浪"瓶的废纸篓（美国空军是激浪极限运动之旅的赞助商之一，这是一个以滑板、自行车越野和自由式摩托越野赛为特色的旅游节目）。

在艾克①所处的时代，像福特和美国电话电报公司这样的企业都是大型的军事供应商——当时人们的工资单上完全没有酷酷

---

① 艾克是美国总统艾森豪威尔的昵称。

的公司。现在，五角大楼正与新的合作伙伴以不同的方式进入军事供应商的这片处女地。今天，像苹果、谷歌和星巴克这样的时髦公司也在国防部的承包商名单上。如果说艾克时代的复合体是以铜管乐队和爱国游行为代表，那么今天的复合体则是一个华丽的数字化世界，里面有视频游戏、极限运动，以及所有吸引潜在的年轻新兵的炫酷事物。

史蒂文终于关闭了"热带：天堂岛"——这是一个模拟国家建设的视频游戏，玩家以"艾尔·普雷斯顿"的身份，试图吸引游客到他／她的阳光娱乐度假村休假。父亲和儿子都不知道软件制造商"分离游戏"（Breakaway Games）一直以来为国防高级研究计划局、联合部队司令部、国防部长办公室和美国空军等军事客户提供纳税服务的内情，他们还开发了一种用于改进航空母舰操作的模拟器"24 蓝色"（24 Blue）。他们很幸运地没有意识到，甚至连五角大楼资助的分离游戏公司的电子游戏的存在都可能导致对海外目标更有效的轰炸。史蒂文抓起他的 iPod MP3 播放器（来自国防部承包商苹果电脑公司），下楼和他的父亲一起出门。瑞克在向门口走去的时候，在书架前稍做停留，在最终选择了乌戈·查韦斯认可的诺姆·乔姆斯基撰写的《霸权还是生存》（麦克米伦出版公司旗下的都市图书公司出版）之前，他扫视了一系列进步书籍，这些书籍的出版商恰好是国防部的承包商，包括蕾切尔·卡森再版的《寂静的春天》（霍顿·米夫林出版公司）、卢·杜波斯和莫莉·伊万斯的《布什式打击：乔治·W.布什的美国生活》（兰登书屋出版社）、乔恩·斯图尔特的《美国》（华纳图书公司）。作为最后一个出家门的，唐娜设置了 ADT 报警系统（2006 年 ADT 从五角大楼获得超过 1600 万美元拨款，而其母公司泰科国际净利润则超过 1.87 亿美元）。

瑞克和史蒂文跳上停在车道上的土星汽车。瑞克为他选择的汽车感到骄傲——毕竟土星汽车有这样一种对人友好（甚至是家反对底特律的公司）的氛围。诚然，他知道通用汽车公司不仅拥有土星汽车，还拥有悍马汽车——美国军用悍马的民用版——但他认为，在这个世界上，你不可能一尘不染。但是悍马还不能代表通用公司的另一半。

瑞克怎么会知道 1999 年通用汽车公司正式进入陆军的商用战术卡车（COMBATT）车辆研发计划？还是说，通用汽车在制造土星汽车时，实际上已经拥有自己的军事部门——通用汽车防务部门了？瑞克不知道通用汽车防务部门与国防巨头通用动力公司成立了一家合资企业，还成立了 GM-GDLS 防务集团（2005年签署了超过 15 亿美元的国防部合同），也不知道 2006 年通用汽车从五角大楼获得了 8700 万美元。他不知道 2007 年通用汽车签订了一份为期 50 年的租赁协议，然后在美国陆军尤马试验场建造了一条价值 1 亿美元的测试跑道。他更不知道，2004 年他的土星汽车的轮胎制造商美国固特异轮胎橡胶公司是美国第 69 大国防承包商，与国防部的合同价值近 3.57 亿美元。

瑞克可能是一个上了年纪的"婴儿潮"一代，但他仍然试图让自己看起来很酷（这让史蒂文很尴尬）。当他把土星汽车开出车道时，他戴上了一副奥克利太阳镜（奥克利为美军提供护目镜和靴子）。虽然军方在 20 世纪 40 年代从美国光学仪器等公司购买了护目镜，但不太可能有人把这家公司的设计称为"混蛋"，而一个在其网站上刊登军队招募广告的滑雪杂志《滑雪粉》（*Powder*）是用"混蛋"来称呼奥克利的某种产品的。瑞克开着车，回头看了看儿子。"那是我们刚给你买的渥弗林（Wolverine）靴子吗？""是的，爸爸，"史蒂文低头看着他那双现在已经破烂不堪的鞋子回答道。瑞克已经在考虑给儿子另买一双靴子，而他不知道生产这种靴子的公司已在 2003 年签署了一份为期 5 年、价值数百万美元的合同，负责向军队提供升级步兵作战靴，也不知道该公司在 2004 年、2006 年、2007 年与五角大楼签署了价值数千万美元的其他交易合同。

当他们开车去学校时，史蒂文突然很兴奋。"爸爸，就是它！"他指着一辆刚刚开进高中学校停车场的福特 Escape 混合动力车嚷嚷道。"你想说什么，爸爸？等我拿到驾照的时候？"瑞克还记得在收音机里听到消息说，福特制造了一辆 Escape 混合动力汽车。"你知道吗，儿子？我想也许我们可以考察下。"他感到一丝满足。这不仅让他觉得自己是个好爸爸，而且还能顺带改善家庭成员的出行环境。（当然，福特汽车公司及其子公司已经获得了大量国防合同，并在各种项目中为陆军和海军提供了帮助）。

史蒂文很高兴，他打开车门，给了父亲一个灿烂的笑脸："好吧！好吧，我们今晚见，爸爸。""你带手机了吗？"瑞克问道。史蒂文从口袋里掏出一部摩托罗拉（2004 年摩托罗拉从国防部获得了近 3.08 亿美元拨款，而 2006 年电话服务提供商威瑞森电信与国防部签署了一份价值超过 1.28 亿美元的合同，并与国土安全部签署了一份价值 5000 多万美元的合同）。

史蒂文在学校上学，瑞克去上班。瑞克要给车加油，他没有去当地的埃克森美孚石油公司（埃克森美孚在 2006 年获得了超过 11.7 亿美元的国防部拨款），而是开车去了壳牌石油公司，这是一家喜欢把自己描绘成一个更友善、更环保企业的石油巨头。当瑞克在美国银行信用卡开的收据上签字时，他根本不知道壳牌的母公司"N.V. Koninklijke Nederlansche"（一家通过向五角大楼雇员发放特殊信用卡，从而简化为国防部购买物资的流程的公司）在 2006 年是第 31 大国防承包商，并从国防部的合同中获得了 11.5 亿美元经费。

瑞克上班的路线不会经过军营、空军基地、哈里伯顿的办公室，也不会经过波音或通用动力等防务巨头的工厂。然而，他设法找到一个真正的国防部承包商或其子公司，即使它们看起来像是在美国任何一个城镇都会存在的基础业务。他们包括

一家美国机器和铸造厂保龄球馆

一家沃尔玛

一家 OfficeMax 办公用品商店

一家 Ace 五金店

一家 CompUSA 计算机商店

一家希尔顿酒店

一家 AVIS 国际租车公司

一家史泰博办公用品店

一家家得宝

以及

一家 BP 加油站

　　瑞克开车前往曼哈顿的途中进入荷兰隧道，此时他意识到，史蒂文明年就要开车了，他自己则可以开始乘坐公共交通工具上班了。进城的纽新航港局过哈德逊河捷运（PATH）——最近在柏克德工程公司的监视下恢复了，柏克德工程公司是 2004 年第 15 大国防承包商，当年获得了超过 17 亿美元的国防部合同。他认为，乘坐公共交通工具会减少他在地球上留下的"碳足迹"。

　　请记住，瑞克现在才开始真正进入他漫长一天中的几个小时。事实上，在未来的几个小时里五角大楼的承包商生产的产品部件一样不会缺少——从他桌上摆的唐娜和史蒂文的加框照片（用奥林巴斯相机拍摄，洗印在柯达相纸上）到他午餐时喝的啤酒（百威），再到他办公室里的大部分产品，包括 3M 便签贴纸、微软 Windows 软件、利盟打印机、佳能复印机、美国电话电报公司的电话、来自奥驰亚集团的麦斯威尔咖啡、凯德灭火设备、施乐传真机、IBM 服务器、来自国际纸业的纸张、宝洁公司的金霸王电池、LG 电子冰箱、马卡尔造纸厂生产的纸巾等。

　　当天晚些时候，瑞克顺道拜访了公司 IT 部门的负责人，他环顾房间，注意到一些软件上的名字：甲骨文——"世界上最大的企业软件公司"。即使他知道甲骨文公司在 2005 年从国防部获得超过 9300 万美元的经费，但他不了解的是，许多为军方提供额外供应的公司属于一个紧密联系、相互支持的承包商家族。例如，排名前 10 的航空和国防公司中，"不仅有 7 家运行甲骨文应用程序"，包括顶级军火商波音公司（2006 年它在国防部的销售额为 203 亿美元）和通用动力公司，而且其他科技行业的重量级人物也运行甲骨文应用程序，比如 IBM（该公司在 2004 年向美国海军出售了"美国军方最快的超级计算机"）。此外，该公司还与微软（2006 年微软从国防部获得了超过 4100 万美元）和 Sun Microsystems 合作，Sun Microsystems 有一个高效能计算项目得到了美国国防部高级研究计划局 5000 万美元的奖励资金。此外，甲骨文的客户通用动力公司也在甲骨文的"战略合作伙伴"阿尔卡特全球、奎斯特和思科系统公司的战略合作伙伴中占有重要地位——所有这些都与"复合体"密不可分。2004 年奎斯特——"领先的语音、视频和数据服务提供商"，客户超过 2500 万——签署了一份为期 5 年的协议，成为"白沙导弹靶场数据和语音通信的独家供应商"。这让你感到头晕了吗？还有更糟糕的。思科系统是"全球互联网网络领导者"，与微软、IBM 和英特尔等国防部承包商建立了"战略联盟"，并在 2004 年与当时排名第 2 的五角大楼承包商波音（为海军陆战队制造"鹞"II 战术攻击机）签署了一项协议，该协议保证增强这家防务巨头的语音和数据网络。但这只是五角大楼承包商抱团取暖、互通有无的惯常做法。

在办公室工作了一整天后，瑞克回家准备看 NBC 晚间新闻，然后是电视剧《法律与秩序》（它们都是国防巨头通用电气的产品）。或者他会收看哥伦比亚广播公司的《海军罪案调查处》，这部由马克·哈蒙主演的动作片已经得到了美国军方的资助。又或者，因为全家人都回家了，他们甚至可以玩拼字游戏。虽然拼字游戏的技术含量很低，而且一点也不酷，但它和五角大楼也有关系。这款游戏的开发商"孩之宝"与军方有着长期的合作关系，每当他们需要动作玩偶制服的规格或其他内部信息时，他们就会给军方打电话或发一封电子邮件——就像在伊拉克战争开始2 天后，他们对陆军士兵系统中心所做的那样，目的是获取最新的军事装备情报。当然，瑞克是虚构的，但我们其他人不是虚构的——真实矩阵的存在也不是虚构的。

1957 年，学者 C. 赖特·米尔斯指出，第二次世界大战的发生是"公司经济和军事官僚机构的合并具有时代意义"的时刻，米尔斯无疑是有先见之明的。米尔斯对"经济-军事联盟"的认同，即逐渐深入政治、科技和高等教育领域——预示着艾森豪威尔 1961 年的演说，他让人们警惕一个全面的美国"军事-工业复合体"的发展。

在这场面向全国发表的顶级演讲中，这位即将离任的美国最高统帅向美国公众解释说，美国已经建立了"一个规模巨大的永久性军备工业"，这种"庞大的军事机构与庞大的军火工业相结合"的新局面的危险性是极可怕的。艾森豪威尔警告人们要反对"军工复合体获取不正当的影响力，无论它是有意的，还是无意的"，他坚持认为，"只有警惕的、有知识的公民才能迫使庞大的工业和军事防御机制与我们的和平方法和目标恰当地结合起来，使安全与自由共同繁荣"。

到艾森豪威尔发表告别演说的时候，军工复合体已经在美国人的生活中根深蒂固，公众无法承担起遏制，更不用说扭转其权力的任务了——尤其是在冷战时期。今天，即使提及这项任务，公众也几乎无法想象，更不用说想象这项任务需要什么了。毕竟，即使是艾克也从未想过会出现如此大规模的复合体，以至于有一天它几乎会完全覆盖美国文化。

然而，正如米尔斯等人所明确指出的那样，军工复合体从未真正局限于"军火工业"。早在 20 世纪 60 年代，一些学者就开始关注"军事-工业-学术复合体"或"军事机构、高科技产业和研究型大学"构成的"金三角"。其他人则关注军事承包商、五角大楼和国会之间的"铁三角"关系。还有一些人提出了一些不言自明的表述，如"军工–媒体–娱乐网络""军工–娱乐复合体""军工–智库复合体"，甚至是"大都市–军工复合体"。近年来，评论家们在艾森豪威尔的构想基础上加上了全新的相关子复合体，如"安全–工业复合体""国土安全复合体""网络安全工业复合体""监视–工业体"，以及像监狱–工业复合体、灾难–资本主义复合体以及其他各种附属实体。然而，这些都不能完整地描述，更不用说捕捉到当今复合体的全貌。

事实证明，要确定复合体的精确参数和给它精确命名一样困难。美国军国主义问题专家卡尔·博格斯在《帝国妄想》（*ImPerial Delusions*）一书中，将美国的"新军国主义"定位于"全球化与美国经济、政治和军事实力巩固的交叉点——这个矩阵远远超出了确定谁具体参与精英决策的问题"。尽管这个词几乎没有人注意到，但博格斯对"矩阵"的引用是正确的。

在 1999 年的同名科幻电影《黑客帝国》中，矩阵是由有知觉的机器创造的人工现实。人类像能量源一样生长，并被用控制性植入物连接到矩阵中，所有人都被关在一个相似的状态中——不知道他们"生活"的人工现实的存在。墨菲斯是一群不插电的自由人类的领袖，他们与机器展开了一场游击战争，他在向电影主角尼奥解释情况时说道：

> "矩阵无处不在。它就在我们身边。即使是现在，在这个房间里也有。当你向窗外看或打开电视时，你就能看到它。当你工作时，当你去教堂时，当你交税时，你都能感觉到它。是这个世界蒙蔽了你的双眼，让你看不

到真相。"

在艾森豪威尔的告别演说中，他甚至预言了这一点，他说，"（军事机构和大型军工企业的结合）在经济、政治，甚至精神上的全面影响，在每个城市、每个州议会和联邦政府的每个办公室都能感觉到"。但只有好莱坞成功地捕捉到了今天无处不在、包罗万象、巧妙隐藏的系统的本质，这些系统入侵了我们所有人的生活；这个新的军事–工业–技术–娱乐–学术–科学–媒体–情报–国土安全–监控–国家安全–企业复合体已经全面占领了美国。

这个复合体与你所能想到的一切都息息相关，从顶级武器制造商到大型石油公司，以及许多与美国国防部有关的政府机构，诸如美国中央情报局和国土安全部等有关联的实体。但它也与娱乐业和全球最大的媒体集团相关联。它还与美国最大的食品供应商和饮料公司结盟。它支持美国最负盛名的大学，并与领先的汽车制造商联系在一起。

这种共生关系并不局限于大型企业。成千上万的小城镇承包商也伸出了他们的手。2004年这样的小亮点包括南达科他州的"肯尼的帕克斯顿酒"和路易斯安那州温斯伯勒的"Chic-A-D卡津人的鸡和鲶鱼餐厅"。2005年名单上一些不太可能出现的小公司是犹他州盐湖城的麦克斯菲尔德糖果公司、得克萨斯州新布拉菲尔斯的高塞拉厕所公司、密苏里州格兰德的美国玩具公司、俄亥俄州斯普林菲尔德的巴特建筑公司、田纳西州孟菲斯市的"科基的烧烤店"、在弗吉尼亚海滩的"斯基普的运动器材"。2006年五角大楼的工资单还包括阿肯色州小石城北部新成立的养猪公司、俄亥俄州布莱恩市的斯潘格勒糖果公司、俄克拉荷马州勒顿的狩猎彩弹、佛罗里达州奥本代尔市的科罗拉多盒装牛肉公司、密西西比州福里斯特的吉尔伯特鸡蛋公司，还有密西西比州哈蒂斯堡的单向基督教书店。

在这个企业-军事-娱乐融合的新时代，最引人注目的是该复合体打造酷炫时尚形象的副产品，包括已经成为商业电子游戏的军用模拟器、由美军各分支机构赞助赛车的纳斯卡赛事活动、使用最热门的社交网络技术来吸引青少年注意力的巧妙招兵活动，以及深受年轻人喜欢的大众品牌，如星巴克、奥克利、迪士尼和可口可乐。就像虚构的"矩阵"一样，这个复合体几乎无处不在，几乎涉及一切，很少有人不以某种方式或形式融入其中。最重要的是，就像在电影中一样，大多数人几乎没有意识到这个"真实矩阵"的存在。

今天的军事-企业复合体如果不成熟，就什么都不是。它使用了现代企业的所有工具：宣传部门、巧妙的广告宣传活动和建立军队的公共关系，当然，这也是它存在的理由。在阿富汗和伊拉克两场灾难性的战争中，全由志愿者组成的军队被卷入其中，军队不得不加大广告、营销和产品植入力度，以吸引更多不情愿入伍的新兵。与此同时，那些没有服兵役的人（不论他们对具体战争的感觉如何）被要求以其他方式做贡献，最明显的是通过向他们征税，也包括为那些给军队提供燃料的公司工作，当然，也包括通过购买相关产品来确保这些公司的经济利益等。在一个被高消费驱动的社会中，军民深度融合意味着几乎每一个美国人（除了一些坚定的无政府主义者外），至少是被动地，在每次购物、送包裹、开车或看电视时，都在支持这个复合体——更不用说在孟菲斯吃烧烤或在哈蒂斯堡买基督教书籍了。你有什么选择？你还想买什么牌子的电脑？或者麦片？或靴子吗？

在电影《黑客帝国》中，尼奥看着从电脑显示器上倾泻而下的矩阵的签名代码，并询问最终背叛游击队的塞弗是否总是必须查看编码后的代码。塞弗回答说："是的，必须……有太多的信息要破译这个矩阵。你会习惯的。我甚至没有看到密码。"这本书的目的是解码至少部分真实的矩阵，使它们可以被真正看见。读者们可以把这本书想象成《黑客帝国》中的"红色药丸"——这本入门书将向你介绍军事–企业复合体的新世界……这也是你所在的世界。

第一部分

和老派说再见

在我们开始探索复合体各种看似不相关的国防承包商和奇怪的利益集团之前，重要的是要了解艾森豪威尔式的老派军事-工业复合体的运作情况，这一复合体自艾克的著名演讲后才得到加强。因此，让我们花点时间来探讨一下武器制造商、五角大楼和美国国会之间的相互影响——学者们长期以来将其称为"铁三角"。从这里，我们将考虑五角大楼的一个传统立足点——它的智慧女神——美国大学的校园。接下来是"军事-石油复合体"，它表明，尽管反战活动人士可能会高呼"不以血换石油"，但五角大楼的口号很可能是"以更多的石油换血"。最后，我们将浏览许多军方基地，甚至是所有军事度假村，以便了解五角大楼究竟在这个星球上留下了多少足迹。

第一章

"铁三角"

在今天的复合体出现之前，艾森豪威尔的军事-工业复合体中也有着实力雄厚的武器制造商。它们至今并没有完全消失。1957—1961 年，在艾森豪威尔的第 2 个任期，前 5 大军事承包商分别是通用动力、波音、洛克希德、通用电气和北美航空。如今，通用电气的排名略有下滑（2006 年，通用电气在承包商中排名第 14 位），而北美航空的剩余部分，经过多年的销售和转售，现在已经成为联合技术公司（2006 年第 9 大承包商）的一部分。但是，即使进行了大规模的合并——2003 年五角大楼的一份报告显示，20 世纪 80 年代早期的 50 家最大的国防承包商已转变为今天的前 5 大承包商——主要的承包商仍然大致相同。

2002 年大型国防承包商洛克希德·马丁公司、波音公司和诺斯罗普·格鲁曼公司分别以 170 亿美元、166 亿美元和 87 亿美元在五角大楼的国防承包商中排名第 1、第 2 和第 3。2003—2006 年洛克希德、波音和诺斯罗普·格鲁曼公司都占据前 3 名（2003

年分别为 219 亿美元、173 亿美元和 111 亿美元）；2004 年（207 亿美元、171 亿美元及 119 亿美元）；2005 年（194 亿美元、183 亿美元和 135 亿美元）；2006 年（266 亿美元、203 亿美元和 166 亿美元）。通用动力在 5 年中有 4 年排名第 4，而且从未低于第 5。

几十年来，这些军工巨头生产了美国军火库中一些最尖端、最致命的武器——从 U-2 间谍飞机和标枪导弹（洛克希德）到 B-52 同温层堡垒重型轰炸机（波音），再到著名的 B-2 隐形轰炸机（诺斯罗普·格鲁曼）。多年来，他们的权力和影响力也在增长，常常迫使国会和总统行政机构屈从于他们的游说意愿，在某些情况下，他们的影响力甚至超过了政府旗下各部门的金融影响力。例如，2000—2006 年间洛克希德·马丁公司从五角大楼获得了 1354 亿美元——2005 年总部位于马里兰州的贝塞斯达公司签署的 250 亿美元联邦合同超过了美国商务部、内政部、小企业管理局和国会的预算总和。军事私有化专家彼得·辛格用这样的例子表明，一些国防部承包商的发展已经超出了任何可以想象的私营企业的定义。他告诉《纽约时报》，"它们不是真正的公司，而是准机构"。洛克希德公司的情况确实如此。2003 年，该公司对美国政府机构的年销售额占公司总销售额的 78%，2004 年为 80%，2005 年为 85%。2006 年这一比例小幅下降至 84%，但这还不包括 13% 的对外国政府的军售，仅"包括全部或部分由美国政府资助的对外军售"。

将洛克希德这样的公司与五角大楼如此紧密地联系在一起的，不仅是销售额的百分比；还有他们在各种战争、军事干预、军事入侵中帮助军队的悠久历史。自 20 世纪初以来，该公司的前身——1995 年，洛克希德公司和马丁·马里埃塔公司合并，形成了国防工业的两大支柱——一直在为陆军和海军工作，并与之合作。该复合体的"旋转门"一直在转动，通过这个旋转门，武器制造商的雇员和国防部官员定期在公共领域和私人领域之间来回穿梭，创造出一种熟悉感，巩固了两者的关系，同时向所有相关人员提供慷慨的奖励（1960年艾森豪威尔时代末期，"726名前高级军官受雇于美国100家领先的国防部承包商"）。

仅举一个例子，2001年爱德华·C."皮特"·奥尔德里奇离开国防巨头航空航天公司（该公司当年从国防部获得了4.42亿多美元），成为唐纳德·拉姆斯菲尔德领导的五角大楼的国防部（采购、技术和后勤）副部长。上任仅几个月，奥尔德里奇就选择洛克希德·马丁公司制造F-35联合攻击战斗机。在接受美国消费者新闻与商业频道（CNBC）采访时，他宣布，"这是国防部历史上最大的采购项目。我们预计在该计划实施期间，这一数字将超过2000亿美元"。几分钟后，美国有线电视新闻网（CNN）的卢·多布斯问道："这笔钱什么时候才能开始从联邦政府转移到洛克希德·马丁公司？"奥尔德里奇对他说："我认为洛克希德·马丁公司希望马上看到一些钱……一旦工作开始，他们就可以开始为他们正在生产的东西向政府收费。所以我认为这需要几个月的时间，已经很快了。"事实上，洛克希德公司很快就会得到报酬。到2006年，该项目的预算成本已经从2000亿美元跃升至2760亿美元。

2003年初，尽管奥尔德里奇之前曾批评该项目过于昂贵，他还是批准了洛克希德公司备受争议的F-22猛禽战斗机价值30亿美元的合同。然后，在3月，他宣布退休时说："现在是时候了，出于个人原因，我的职业生涯进入一个更轻松的时期。我将继续支持这个国家的国家安全利益，尽管方式不那么直接。"几个月后，奥尔德里奇被选为洛克希德·马丁公司的董事会成员，获得了6位数的薪酬和公司股票，而前洛克希德·马丁公司员工、空军老兵迈克尔·W. 韦恩接替了他的职位（并于2005年成为美国空军部长）。

到2007年，奥尔德里奇仍在董事会，持有5041股公司普通股。他与洛克希德公司的交易似乎得到了丰厚的回报。2001年5月当奥尔德里奇加入五角大楼时，洛克希德的股票交易价格约为每股36.62美元；2003年，也就是他当选洛克希德董事会成员的时候，该公司股价为47.52美元，到2007年10月底，该公司股价为108.61美元。

奥尔德里奇加盟洛克希德让一些人感到惊讶，但考虑到他长期使用"旋转门"的历史，原因尚不清楚。在20世纪60年代，他曾在道格拉斯飞机公司的导弹和航天部门担任多个职位。1967年，道格拉斯与麦克唐纳飞机公司合并（今天，麦克唐纳·道格拉斯是波音公司的全资子公司），他加入国防部，担任负责系统分析的助理部长一职，并一直担任到1972年。随后，他成为LTV航空航天公司的高级经理，1974—1976年重返政府，担任国防部战略项目副助理部长。令人眼花缭乱的是，1977年他回到私营部门，担任主要国防部承包商系统规划公司国家政策和战略系统组副总裁。1981年奥尔德里奇又成为空军副部长，直到1986年才卸任。（1981—1988年，他还担任美国国家侦查局局长）1986年，他成为美国空军部长，然后到1988年12月，他成为国防巨头麦克唐纳·道格拉斯电子系统公司的总裁，直到1992年离开该公司转而加入航空航天公司。

奥尔德里奇的旋转门冒险行为绝非特例。2004 年，负责调查和揭露腐败的独立非营利组织"政府监督项目"（Project on Government Oversight）报告称，1997 年 1 月—2004 年 5 月，至少有 224 名高级政府官员在 20 家最大的军事承包商担任要职。洛克希德公司以 35 名说客、16 名高管和 6 名董事或董事会成员位居榜首，其中 57 名前高级政府官员已经越界。例如，2007 年，除了奥尔德里奇外，洛克希德公司董事会还以约瑟夫·W. 拉尔斯顿将军为荣，他曾在 1996—2000 年担任参谋长联席会议副主席；小詹姆斯·O. 埃利斯是一名海军老兵，2004 年 7 月从美国战略司令部海军上将兼指挥官的职位上退休；海军上将詹姆斯·罗伊曾是美国海岸警卫队司令，在担任国土安全部第一副部长后，于 2005 年退休；尤金·F. 墨菲，海军陆战队老兵，前中央情报局律师；罗伯特·J. 斯蒂文斯，洛克希德·马丁公司的董事长、总裁和首席执行官，曾在美国海军陆战队服役，是国防部系统管理学院项目管理课程的毕业生。

在乔治·W. 布什总统及其首任国防部长唐纳德·拉姆斯菲尔德的领导下，五角大楼与洛克希德公司的关系尤其密切。正如作家兼剧作家理查德·卡明斯在《花花公子》杂志上指出的那样，鲍威尔·A. 摩尔曾在 1983—1998 年担任洛克希德公司的法律事务顾问和副总裁。时任海军部长，后来担任国防部副部长的戈登也曾为洛克希德工作，担任美国空军的副部长和国家侦察办公室主任的彼得·B. 蒂茨也为洛克希德工作过，而洛克希德公司负责集成系统和解决方案的执行副总裁阿尔伯特·史密斯被任命为国防科学委员会成员。这种联系并不只是在五角大楼与洛克希德公司之间。乔·奥尔鲍曾是洛克希德公司的一名说客，他从布什—切尼竞选团队的全国竞选经理，晋升为联邦紧急事务管理局局长，并把他的大学同学迈克尔·布朗带进此局，夸奖他"布朗尼，你干得真不错"。运输部长诺曼·Y.米内塔是布什内阁中唯一的民主党人，曾任洛克希德公司副总裁；副总统迪克·切尼的女婿菲利普·J.佩里是洛克希德公司的一名注册说客；切尼的妻子琳恩直到2001年还在洛克希德·马丁公司的董事会任职。

当然，如果没有"铁三角"的第三方——美国国会，任何关于传统军事-工业复合体的讨论都将是不完整的。如果没有参议院，像奥尔德里奇这样的"旋转门斗士"将永远无法获得五角大楼职位的批准，他们过去或未来的国防部承包商雇主所钟爱的防御项目也不会得到资助。美国的立法代表们在华盛顿大肆宣传，为的是给他们的选区（以及他们自己）带来养家糊口的机会。以奥尔德里奇的宝贝为例，F-22战斗机旨在对抗从未制造出的苏联先进飞机。数十年的巨额成本超支和令人尴尬的事件（例如，不得不使用链锯从有缺陷的驾驶舱中把一名飞行员救出来），以及无数的延误和挫折，这架没有敌人的战斗机似乎成为要放弃的主要选择。国防项目计划的183架飞机中，每架的实际成本高达3.5亿美元，甚至参议院军事委员会中有权势的共和党人，包括亚利桑那州参议员约翰·麦凯恩和委员会主席、弗吉尼亚州参议员约翰·华纳都联合起来反对洛克希德游说，F-22看起来也会在2006年服役。

然而，"由空军、制造这款战斗机的洛克希德·马丁公司以及他们在国会的盟友组成的强大F-22游说团"由于力量过于强大而无法被击败。结果，麦凯恩和沃纳转而试图否决F-22的多年合同，这将使预算削减者有机会在明年取消该项目。然而，在投票之前，洛克希德公司进行了全面的游说活动，最后发起了一场电子邮件运动，要求参议员对拟议中的要求达成多年合同的钱布利斯修正案投赞成票。F-22 的敌人立即失败了。政府监督项目的执行董事丹妮尔·布莱恩说："F-22 游说团有一股非凡的力量，他们在这件事上拼了命。"她说，"令人惊讶的是，游说团体居然能打败华盛顿最有权势的人，包括总统，并取得胜利。"

钱布利斯修正案是以佐治亚州共和党参议员萨克斯比·钱布利斯的名字命名的，他所在的选区刚好包括一个 F-22 组装厂。和洛克希德公司紧紧捆绑在一起的不仅仅是钱布利斯。电子邮件运动提醒了许多参议员，他们的面包是在哪里涂黄油的。事实上，分享（分配）财富是洛克希德公司做生意的主要方式之一。除了位于佐治亚州马里埃塔的工厂，洛克希德公司还在加州帕姆代尔的工厂、密西西比默里迪恩工厂、得克萨斯州沃思堡，甚至华盛顿州西雅图的波音工厂生产 F-22 "猛禽"战斗机。为了增加保险，洛克希德公司将零部件和子系统的生产以真正的国家方式进行外包。总而言之，洛克希德夸口说，42 个州的 1000 家供应商在装备 F-22 上发挥了作用。

洛克希德公司在其他项目上也分享财富。2006 年 12 月下旬，洛克希德公司将一份新的价值 3.76 亿美元的爱国者导弹系统合同的工作分配给了位于得克萨斯州大草原城的工厂和路芙根的工厂、阿肯色州卡姆登的工厂、亚拉巴马州亨茨维尔的工厂、马萨诸塞州切姆斯福德的工厂、佛罗里达州清水的工厂、佐治亚州亚特兰大的工厂。2007 年 1 月初，该公司把在声学快速商用货架嵌入声呐系统方面投入 2850 万美元的工作，分配给了弗吉尼亚州马纳萨斯的工厂、罗德岛的朴次茅斯工厂、佛罗里达州的奥尔兹马工厂、弗吉尼亚州尚蒂利工厂、纽约的锡拉丘兹工厂、马萨诸塞州的切姆斯福德工厂、密苏里州的圣路易斯工厂，以及得克萨斯州的休斯敦工厂。

钱布利斯修正案的通过是基于这样一个前提：一项多年合同将把政府锁定在批量购买 F-22 的范围内，这将是一种节约成本的机制——尽管政府问责办公室和国会研究服务部都持相反意见。钱布利斯声称，他的评估是基于国防分析研究所的一项"独立"分析，国防分析研究所是一家由联邦政府资助的非营利性研究中心，专注于研究国家安全方面的技术问题。然而，后来据美国国防部总监察长透露，当时的国防分析研究所负责人、退役海军上将丹尼斯·C. 布莱尔"违反了利益冲突规则，未能与两份可能影响到他在其中有经济利益的公司的报告保持距离。"事实证明，布莱尔是 1000 名 F-22 分包商中的 2 名董事，这些分包商生产的电子元件卖给了其他 F-22 分包商。

虽然选区的就业机会和利益冲突肯定在保护这架飞机方面发挥了关键作用，但是 F-22 和其他有政府资金注入的武器系统通常是通过一种基本的实践来实现的，这种实践使"铁三角"变成了现实——华盛顿式的回报。正如马特·塔比在《滚石》杂志上所指出的，"钱布利斯的修正案以 70 票对 28 票通过，得到了两党的广泛支持。大多数投赞成票的参议员，包括约瑟夫·利伯曼、查克·舒默和丹尼尔·井上等民主党人，都从 F-22 的制造商洛克希德·马丁公司和普惠公司等分包商那里得到了慷慨的竞选捐款"。这些努力是洛克希德公司的标准运作程序，该公司在 2000—2006 年间花费了 5900 多万美元用于竞选捐款和游说——根据响应性政治中心赞助的网站 OpenSecrets.org 提供的数据，该网站分析了来自联邦选举委员会的文件——并在 1990—2006 年将 59% 的资金捐给了共和党，41% 捐给了民主党。

但不用为民主党感到难过。2007 年专栏作家德里克·Z. 杰克逊在《波士顿环球报》上撰文指出，在 2006 年的选举周期中，从国防部承包商那里获得竞选捐款最多的 10 名参议员中，有 6 人是民主党人：马萨诸塞州的爱德华·M. 肯尼迪、纽约州的希拉里·克林顿、康涅狄格州的克里斯托弗·多德、加利福尼亚州的黛安娜·范斯坦、佛罗里达州的比尔·尼尔森，以及从民主党人变成独立人士的康涅狄格州的乔·利伯曼，此人"在该行当前 10 名供挥霍的 140 万美元中，独占 60%"。他们凭什么得到这些财富？值得注意的是，克林顿被发现在国防预算中塞了 26 个专项拨款——将项目（通常是"政治拨款项目"）插入巨额支出账单中，不经任何审核就直接将资金投入特定项目。《波士顿环球报》发现肯尼迪"在 2008 年的国防授权法案中，为空军表示不需要的通用电气战斗机引擎拨款 1 亿美元"。

传统的"铁三角"——国会、大型军事承包商（如洛克希德、波音、诺斯罗普·格鲁曼、通用动力公司、雷神、哈利伯顿、柏克特公司和 BAE 系统公司）和五角大楼——一直是军事–工业复合体的核心。这些公司仍然是主要的生产武器的"军火商"，但是像洛克希德·马丁公司和波音公司这样的大型军火商现在只是故事的一部分。虽然他们可能仍然是五角大楼承包商中单笔金额最大的——洛克希德公司在 2006 年以 26 619 693 002 美元排名第一，占所有合同的 9.02%——但与国防部其他承包商的总和相比，他们的总收益相形见绌。这些公司包括大名鼎鼎的大公司、小公司和一些你可能从来没想过要靠军费生活的组织，从哥伦比亚三星电影公司和 20 世纪福克斯公司，到维尔达农场（"在乳制品行业中领先了 50 多年"），从加利福尼亚州波特维尔的国家维生素公司，到美国肉类协会（美国历史最悠久、规模最大的肉类和家禽贸易协会）和美国医学协会（致力于促进"改善公共卫生"）。这些实体现在构成了复合体的主体，将"铁三角"形变成了"铁万边形"（一万边多边形）的集合。

第二章

军事–学术复合体

在艾森豪威尔总统指出军事–工业复合体具有"不合理的影响力"几年后，阿肯色州民主党参议员 J. 威廉·富布赖特公开反对学术界军事化，他警告说，"大学自己屈就于政府的目的，就辜负了它更高的目的"。他提醒人们注意他所称的军事–工业–学术复合体的存在，历史学家斯图尔特·W. 莱斯利后来将其称为"军事机构、高科技产业和研究型大学"组成的"金三角"。

定义和理解这一复合体从来都不是一件简单的事情。事实上，军事–学术复合体有两个截然不同的分支。第一个是官方的，公开而骄傲，但经常被忽视，融合了军事和学术。自 1802 年托马斯·杰斐逊签署建立美国军事学院的法案以来，美国已经正式将高等教育和战争艺术结合起来。第二个是日益军事化的平民大学。

发动战争的大学

西点军校、安纳波利斯海军学院、空军学院……只要一提起这个，就会让人想起一副穿着尖头制服、有着方下巴和宽阔的肩膀，且风度潇洒的学员形象（或者可能是猥獗的性骚扰和强奸的黑暗幽灵）；但是说到军事教育，如果你只考虑三大军事院校——甚至包括美国商船学院、海岸警卫队学院和赛特德尔学院这样的私立军事学校——还是再想想吧。

事实证明，五角大楼拥有自己完整的教育和培训体系，包括国防大学体系中的许多学院：国家战争学院、军队工业学院、国家安全执行教育学院、联合参谋学院、信息资源管理学院以及国防采办大学、联合军事情报学院——只对"美国持有最高机密 / SCI（敏感分隔信息）许可的军队人员和联邦文职人员"开放——国防语言学院外语中心、海军研究生院、海军战争学院、航空大学、空军理工学院、海军陆战队大学、卫生科学制服服务大学等大约 150 所军事教育机构。

在军事院校培养未来军官的同时，国防大学的学生则是经过挑选的服役约 20 年的军官，以及来自包括国防部在内的各个机构的文职官员。他们接受的课程强调"国家安全战略和军事战略的制定和执行，资源的调动、获取、管理，国家安全的信息和信息技术以及联合和联合行动的规划"。此外，国防大学致力于促进"军队之间以及政府的机构和为国家安全做出贡献的行业之间的理解和团队合作"。国防大学还向来自私营部门的"行业研究员"开放名额，据国防大学前校长、空军中将迈克尔·M.邓恩说，这些人"把行业的想法带到了国防部"。

美国大学生被征召入伍

2002 年国防大学的预算达到 1.025 亿美元。尽管由军事院校和国防部机构组成的正式军事-学术复合体是一个庞大的教育机构，但与日益军事化的平民高等教育结构相比，它的规模、范围和成本都微不足道。

正如历史学家罗杰·盖格所指出的，第二次世界大战期间从事武器研发的教育机构获得了政府最大的研发合同。其中 6 所大学，尤其是麻省理工学院、加州理工学院、哈佛大学、哥伦比亚大学、加州大学伯克利分校和约翰·霍普金斯大学，各自获得了超过 1000 万美元的巨额资金（2006 年，他们仍然在国防部的工资单上）。战后，像海军研究办公室这样的军事实体寻求与大学研究人员建立、加强和培养关系。到 1946 年 8 月海军研究办公室正式获得立法授权开始工作时，它已经签订了 602 个学术项目的合同，雇用了 4000 多名科学家和研究生。的确，学术界从来没有走过回头路。

例如，在二战末期，麻省理工学院是美国最大的学术领域的国防部承包商。到 1962 年，物理学家阿尔文·温伯格讽刺地指出，要弄清楚麻省理工学院是一所与众多政府研究实验室相连的大学，还是"一群拥有非常好的教育机构的政府研究实验室"，变得越来越困难。到 1968 年，也就是富布赖特发明"军事工业-学术复合体"一年后，麻省理工学院在美国所有的国防部承包商中排名第 54 位。1969 年，它的主要军事合同第一次超过了 1 亿美元。到 2003 年，这个数字已经超过 5 亿美元，足以使麻省理工学院成为美国第 48 大国防部承包商。2005 年，坐落于马萨诸塞州剑桥市的这所学校排名上升到第 44 位，国防部拨款超过 6 亿美元。

如今，军事项目与学术界之间的联系之丰富，令人眼花缭乱，它带来的影响之广泛，令人目不暇接。根据美国大学协会 2002 年的一份报告，将近 350 所学院和大学进行了五角大楼资助的研究；大学获得国防基础研究经费的 60% 以上；国防部是大学研究的第 3 大联邦基金（仅次于国家卫生研究院和国家科学基金会）。美国大学协会还指出，国防部为大学电气工程研究提供了 60% 的联邦资金，为计算机科学提供了 55% 的资金，为冶金 / 材料工程提供了 41% 的资金，为海洋学提供了 33% 的资金。2004 年，当国防部的研发预算飙升至 660 亿美元时——比 2003 年增加了 76 亿美元——结果几乎是立竿见影的。2004 年美国大学协会宣布国防部在电气工程和冶金领域的影响力显著增加，分别占到他们联邦资金的 68% 和 50%。毫不奇怪，有了这种影响力，五角大楼常常可以决定进行什么样的研究（或者不进行什么样的研究）。

五角大楼的权力超越了制定或规定研究目标的能力，延伸到平民教育机构的重要部分。高等教育对联邦资金的依赖使国防部更容易让大学屈服于它的意志。例如，正如查尔默斯·约翰逊所指出的，直到 2002 年 8 月，哈佛法学院"成功地禁止海军军法署的新兵招募人员，因为那些想要参军的合格学生，如果公开自己是同性恋或双性恋，就会被拒绝"。然而，由于对联邦法律的重新解释，五角大楼发现自己有能力威胁哈佛，如果哈佛法学院拒绝军方招兵，它将失去约 3 亿美元的所有联邦大学资金。由于无法离开联邦政府资金的供给，哈佛屈服了，这开启了一个学术自主性不断下降，而大学的军事存在感不断增强的新时代。

但在教育问题上，国防部主要并不是使用棍棒打压。它通过给予大量的胡萝卜，以金钱和证书的形式（当然，这能带来金钱），把大部分时间花在指导和引导研究上。以美国国家安全局为例，该机构运营着"为整个国防部提供培训资源"的国家密码学学校。除了在全球范围内监听并运营自己的学校，国家安全局以"学术信息保障教育中心"名称的形式，发放批准印章，使学校有机会获得国防部利润丰厚的"信息保障奖学金项目奖助学金"。2002 年，36 所民办学校获得学术信息保障教育中心荣誉。2003 年，获此荣誉的学校名单扩展到 50 个，包括长期以来像斯坦福大学一样的国防部中坚分子，像加州大学戴维斯分校和内布拉斯加州大学奥马哈分校一样的大型公立学校，和一些不为人知的机构，像新墨西哥理工大学、西弗吉尼亚的詹姆斯·麦迪逊大学和佛蒙特州的诺维奇大学（"美国最大的私营军事学院"）。2004 年，国土安全部加入美国国家安全局，成为该项目的赞助商，中心的数量增加到 59 个。到 2006 年，大约有 75 个这样的中心。2007 年，从密苏里大学罗拉分校和印第安纳大学到明尼苏达的卡佩拉大学和得克萨斯大学，"总共有 86 个中心分布在 34 个州和哥伦比亚特区"。

除了国土安全部，美国国家安全局在军事-学术行动方面与其他许多机构和子机构一样受到关注。例如，位于马里兰州阿德菲的陆军研究实验室的信条是"为作战人员提供科学和技术解决方案"，它力求通过"让最优秀和最聪明的人致力于解决（陆军的）问题"来实现这一目标。它采用"各种资助机制来支持和开发大学和工业界的项目"。空间和海军作战系统司令部也高度重视"大学关系"，这为其提供了"优秀研究生和本科生的优秀招聘资源"。仅南卡罗来纳州查尔斯顿的空间和海军作战系统司令部系统中心就与克莱姆森大学、南卡罗来纳大学、塞特多军事学院、查尔斯顿学院、欧道明大学、北卡罗来纳州州立大学、弗吉尼亚理工大学、佐治亚理工大学、中佛罗里达大学和北卡罗来纳州州立大学签署了合作协议。

"疯狂 3 月"[①]（还有 4 月、5 月和……）

每年，美国大学体育协会的大学篮球锦标赛都有一个灰姑娘队——一个名不见经传的球队通过淘汰几支顶尖球队，震惊了65 人的赛场。在一场复杂的军事－学术复合体比赛中，这些学校可能来自国防部的"传统黑人学院和大学以及少数族裔机构的基础设施支持计划"。这些机构没有获得大笔资金，但他们获得了适度的奖励，以"加强这些少数族裔机构在对国家安全和国防部至关重要的科学领域方面的规划能力"。在这个项目下，奥格拉拉·拉科塔学院、西坦卡大学（由夏延河苏族特许成立）、希亭布尔学院和梅诺米尼民族学院等学校都获得了资助，尽管这些学校似乎从未突破过百万美元的门槛。

让我们想象一场军事－学术的"疯狂 3 月"锦标赛，参赛队伍根据他们在国防部研究、开发、测试和评估合同中的份额进行排名。在那里，像戴顿大学这样的中等级别，在 2005 年以22 273 173 美元的可观收入，可能会在首轮中击败奥格拉拉·拉

---

① 通称的 NCAA 锦标赛，即美国大学体育协会一级联赛（Division I）男篮锦标赛，成立于1939 年，是美国最大的全国性体育赛事之一。因为 NCAA 锦标赛的大部分比赛都在 3 月进行，俗称"疯狂 3 月"（March Madness）。NCAA 锦标赛在每年的 3—4 月举行，实行单场淘汰制，2011 年起参赛球队扩充至 68 支。

科塔学院，但最终会输给夏威夷大学（344 000 55 美元）。然而，新墨西哥州立大学的学费为 3 463 045 495 美元，夏威夷将因此险胜。与此同时，在另一个评级中，得克萨斯大学将以 52 612 074 美元的成绩击败南加州大学的 38 210 122 美元。卡内基梅隆大学将以 69 313 227 美元险胜其州际竞争对手宾州州立大学的 62 779 679 美元。

当然，你不需要成为拉斯维加斯的博彩专家就能预测哪些大学能进入"四强"。多年来，有 2 所学校一直在国防部研究、开发、测试和评估的资金上名列前茅，并且年复一年地打进收入排行榜。2002 年，约翰·霍普金斯大学（363 342 491 美元）以不到 900 万美元的优势击败了麻省理工学院（354 932 746 美元），这相当于这些巨头在关键时刻投进的一个三分球。第 2 年，麻省理工学院以 512 112 618 美元的惊人收入，与约翰·霍普金斯大学微不足道的 300 303 097 美元的收入拉大距离，这使得麻省理工学院成为全美最赚钱的大学。2004 年，约翰·霍普金斯大学尽最大努力达到的 234 587 461 美元，再次被麻省理工学院的 604 950 277 美元击败。2005 年麻省理工学院以三分球大胜约翰·霍普金斯大学（608 448 445 美元对 231 324 704 美元），巩固了其在军事-学术史上的地位。

事实上，麻省理工学院的数字足以使其在 2005 年的国防部研究、开发、测试和评估的前 100 个受助名单中名列第 8。但即使这样的排名也不能说明这位冠军的绝对优势。排在第 16 位的是 MITRE 公司，这是一个非营利组织，最初由几百名麻省理工学院的员工组成，成立于 1958 年，为国防部创造新技术。

今天，MITRE 公司通过 3 个由联邦政府资助的研发中心为联邦政府提供工程和技术服务，其中一个是国防部的指挥、控制、通信和情报研发中心，恰好为国防部服务。此外，MITRE公司也完全沉浸在军事-学术复合体中。它为"国防部和情报界的广大客户群"提供支持，同时"组织和管理负责高级研发活动的首个全新的东北地区研究中心"，其中包括布兰迪斯大学、布朗大学、哥伦比亚大学、康奈尔大学、达特茅斯学院、哈佛大学、约翰·霍普金斯大学、麻省理工学院、普林斯顿大学、纽约州立大学布法罗分校、麻省大学、匹兹堡大学、罗切斯特大学和雪城大学。

在国防部的所有这些工作中，MITRE公司在2005年的研究、开发、测试和评估合同中获得了275 384 277美元。如果把麻省理工学院后代的资助资金加到麻省理工学院的总资助资金中，得到的883 832 722美元将使麻省理工学院脱离军事-学术复合体的行列，其势力与军工企业巨头通用动力公司相去不远。

学术界被忽视的身份危机

今天，军事-学术复合体只是许多容易察觉却被忽视的美国社会日益军事化的例子之一。五角大楼既有财力也有实力改变高等教育的格局，它能操纵研究议程，改变课程设置，并迫使学校按其规则行事。

此外，美国大学校园里正在进行的军事研究对未来有着非常现实和危险的影响。它将使未来几十年的帝国冒险成为可能或得到加强；它将导致致命的新技术被用来对付全球人民；它将助长一场超级大国之间的军备竞赛，且会加剧美国与其他国家之间本已巨大的军事不对称；它将使装备越来越重型、技术含量越来越高的美国"机甲"作战人员对美国敌人的吸引力越来越小，而使得美国和盟国平民这些软目标对美国敌人的吸引力越来越大。然而，这些都没有进入美国辩论的领域——这给了象牙塔或是现在的装甲钛塔的概念以新的含义。

第三章

军事-石油复合体

2002 年 11 月，在入侵伊拉克之前，时任国防部长唐纳德·拉姆斯菲尔德对哥伦比亚广播公司的史蒂夫·克罗夫特说，美国对伊拉克的武力恫吓"与石油无关，真的与石油无关"。2003 年拉姆斯菲尔德称美国入侵伊拉克获取石油的说法"完全是一派胡言"。（"我们不会带着我们的军队去世界各地，试图夺取别人的……资源，比如他们的石油。这不是美国所做的。"）2005 年拉姆斯菲尔德在费卢杰对美军发表讲话时重申了这一点："你们比任何人都清楚，美国不是来伊拉克开采石油的。"这确实是强烈的否认，但这是真的吗？

拉姆斯菲尔德的上司乔治·W. 布什总统（他是一个对上瘾略知一二的人①）在 2006 年初宣称"美国对石油上瘾"。据《华盛顿邮报》的彼得·贝克说，那年晚些时候，布什几乎坦白了伊拉

---

① 布什总统承认自己曾是酗酒者。

克问题，承认（在某种程度上）"战争是关于石油的"。他第一次用石油作为继续占领伊拉克的理由，他说："你可以想象一个极端分子和激进分子控制能源的世界。"布什的承认并不是什么大启示。毕竟，石油不仅是美国经济的关键驱动力，也是美国能源的主要来源。作为一名前石油商（副总统迪克·切尼曾是石油服务巨头哈里伯顿前总裁），布什对这一点再熟悉不过了——因此，他入侵了中东的一个重要油田，并占领了该地区的制高点。最初，除了石油区，战争抢劫者被允许将伊拉克首都的几乎所有地方撕成碎片。

但是拉姆斯菲尔德的军队不仅仅是一个被派去封锁这个星球的石油区的武装占领者。它也是一个有名的汽油成瘾者。在《血与油》一书中，迈克尔·T.克拉雷列举了五角大楼痴迷于石油的鲜为人知的事实：

> 美国军队比其他任何国家都更依赖由石油做燃料的船只、飞机、直升机和装甲车来运送军队进入战场，以及向敌人投放武器。尽管五角大楼可能会夸耀自己对计算机和其他高科技设备的不断使用，但构成美国军队支柱的战斗机器完全依赖石油。如果没有充足而可靠的石油供应，国防部既不能将其部队派到遥远的战场，也不能在那里部署部队并保证后勤供应。

近年来，部署在阿富汗和伊拉克的美国国防部"迅速派遣部队"，已经获取了大量的石油。根据美国国防部燃料采购部门——国防能源支持中心（DESC）的官方通讯《燃料线》报道，从 2001 年 10 月 1 日到 2004 年 8 月 9 日，国防能源支持中心仅为阿富汗的军事行动就提供了 1 897 272 714 加仑（每加仑约等于 3.785 升）的航空燃料。同样，在不到一年半的时间里，从 2003 年 3 月 19 日到 2004 年 8 月 9 日，国防能源支持中心为美军在伊拉克的行动提供了 1 109 795 046 加仑的航空燃料。2005 年国防部国防后勤局的拉娜·汉普顿透露，美军的飞机、舰船和地面车辆每月在阿富汗、伊拉克和其他地方消耗 1000~1100 万桶燃料。尽管据报道称五角大楼每天消耗的石油达到惊人的 36.5 万桶（相当于瑞典全国的日消耗量），但全球石油市场专家索贝特·卡布兹估计，实际数字接近 50 万桶。

由于消费如此不受限制，最近的美国战争对石油巨头来说是一个福音，人们也见证了五角大楼从绝望的瘾君子上升为超级瘾君子的过程。在布什发动全球反恐战争之前，美国军方承认每年消耗 4.62 亿加仑的石油。根据五角大楼保守的统计数字，随着"9·11"之后的战争和美国对伊拉克的占领，每年的石油消耗量已经增长到几乎不可思议的 5.46 亿加仑。

因此，国防部雇用了一些全球最大的石油交易商和企业巨头。仅在 2005 年，五角大楼就向英国石油公司支付了超过 15 亿美元——这家公司的前身是盎格鲁-伊朗石油公司（1953 年，美国中央情报局和英国中央情报局秘密推翻了伊朗政府），然后被改为英国石油公司。2005 年五角大楼还向荷兰皇家石油公司支付了超过 10 亿美元——也被称为荷兰皇家石油公司（在美国最著名的是壳牌品牌的汽油）——五角大楼还将超过 10 亿美元的钱款捐给石油巨头埃克森美孚公司。

2005 年埃克森美孚、荷兰皇家石油公司和英国石油公司在

《福布斯》杂志全球 500 家最大公司的收入排行榜上分别排名第 6、第 7 和第 8。第 2 年，它们就分别挤到了第 1、第 3 和第 4 名。它们还在国防部 2006 年的顶级承包商名单上排名第 29 位、第 30 位和第 31 位，总共从五角大楼获得了超过 35 亿美元的收入。然而，三大石油巨头只是一个巨大的石油王国的冰山一角。五角大楼 2006 年的名单上还包括石油服务、能源和石油集团，如，

排名	公司名称	从国防部获得的总收益（以美元计）
6	哈利伯顿	6 059 726 743
34	科威特石油	1 011 270 194
45	瓦莱罗能源公司	661 171 541
55	得克萨斯州炼油厂协会	576 557 185
66	阿布扎比国家石油公司	494 286 000
70	巴林石油	477 535 378
83	加德士	356 313 452
94	特索罗石油公司	310 564 052

几乎不可能列出所有与国防部有业务往来的至少与石油行业有某种联系的公司，但是，如果国防部工资单上最明显的名字

五角大楼汽油贩子

A & M Oil	Marine Petroleum	Alon Israel Fuel
Acorn Petroleum	AGE Refining	American
Advanced Petroleum	Al Mamoon Oilfield and	Petroleum Services
Services	Industrial Supplies	Anderes Oil
Aegean	Aloha Petroleum	Arguindegui Oil

Armour Petroleum
Askar Petroleum
Bahrain Petroleum
Baseview Petroleum
Big Bear Oil
Black Oil
Bosco Oil
BP
Carter Oil
CEL Oil Products
Chevron
CITGO Petroleum
Colonial Oil Industries
Colorado
Petroleum Products
Compañia Española
de Petr ó leos
ConocoPhillips
Cross Petroleum
Cosmo Oil Co
D & W Oil
Daigle Oil
Dana Petroleum
Dime Oil
Drew Oil
Dunlap Oil
Ed Staub
& Sons Petroleum
Estacada Oil
ExxonMobil
Fannon
Petroleum Services

Farmers Union Oil
Farstad Oil
Frost Oil
Galp Energia
Gate Petroleum
Gemini Petroleum NV
Gene Moeller Oil
Glenn Oil
Gold Star Petroleum
Golden Gate Petroleum
Griffith Oil
Gulf Oil Limited
Partnership
Haliburton's Energy
Services Group
Hanil Oil Refining
Harbor Petroleum
Harris Oil
Harry's Oil
Haycock Petroleum
21397_00_p00i–
xii_1–292_r11kp.qxp
1/24/08 2:36 PM Page 43
44 THE COMPLEX
Hellenic Petroleum SA
Hyundai Oilbank
ICS Petroleum
Imperial Oil
Inlet Petroleum
International
Oil Trading
Irving Oil

Jefferson City Oil
Jenkins Gas & Oil
John W. Stone
Oil Distributors
Johnson Oil of Hallock
Kidd Oil
Kimbro Oil
Kuwait Petroleum
Lakeside Oil
Lamar Fuel Oil
Le Pier Oil
Lee Escher Oil
Main Brothers Oil
Mansfield Oil
McCartney Oil
McLure Oil
Merlin Petroleum
Morgan Oil
Motor Oil [Hellas]
Muddy Creek Oil
and Gas
National Oilwell Varco
Nippon Oil
Northland Holding's
Service Oil & Gas Inc
Navajo Refining
N.V. Koninklijke
Nederlandsche
Odgers Petroleum
Oil Equipment Sales
Oil States Industries
Paramount Petroleum

Parkos Oil	River City Petroleum	T.A. Roberts Oil
Patriot Petroleum	RKA Petroleum	Tate Oil
Petro Air	Rogers Petroleum	Tesoro Petroleum
Petro Alaska	RPL Oil Distributor LLC	Total S.A.
Petro Star Valdez Inc.	Salathe Oil	Tramp Oil and Marine
Petrol Ofisi A.S.	SBK Oil Field Services	and Tramp Oil
Petroleos del Peru	Seoil Gas	Aviation
Petroleum Management	Shin Dae Han Oil	Transworld Oil Limited
Petroleum Partners	Refining	Tri-Gas & Oil
Petroleum Solutions	Sinclair Oil Corporation	U.S. Oil & Refining
Petroleum Traders	Shoreside Petroleum	Unocal Corporation
Petrom S.A.	South Pacific Petroleum	Valero Energy
Pettit Oil	Southwest Georgia Oil	Wallis Oil
Phoenix Petroleum	SPARK Petrol Ürünleri	Ward Oil
Pitt Penn Oil	St. Joe Petroleum	Western Petroleum
Potter Oil & Tire	Strickland Oil	Western Refining
Pro Petroleum	Sunglim Oil & Chemical	World Fuel Services
Rebel Oil	Superieur Petrol	Wyandotte Tribal
Repsol Petr ó leo S.A.	Supreme Oil	Petroleum

能说明什么问题的话，那就是美国军方正在从各种不同的地方进口石油。例如，仅在 2005 年，五角大楼的工资单就列出了以下公司：

这 145 家公司——远不能构成国防部资助金中列出的与能源相关公司的完整清单——在 2005 年收取了纳税人的 80 多亿美元。从这个角度来看，这一数字超过了美国陆军在同一年向洛克希德·马丁公司、波音公司、诺斯罗普·格鲁曼公司、通用电气公司和柏克德公司等军事巨头支付的费用总和。也比 2005 年在炸弹、手榴弹、制导导弹、制导导弹发射器、无人机、散装炸药、所有枪支、火箭、火箭发射器和直升机上的花费多 27 亿美元。

　　毫无疑问，由于拉姆斯菲尔德所在机构对石油消费的偏好，2005 年时任国防部长的拉姆斯菲尔德发布了一份备忘录，呼吁国防部工作人员制定使用替代能源和节能技术的计划。正如国防技术专家诺亚·沙赫曼在 2007 年初指出的那样，尽管"国防部可能并不关心环境"，但它已经提前实现了自己的绿色目标。因此，五角大楼现在标榜自己有环保意识，让人们注意到它在古巴关塔那摩湾海军基地使用风力发电，以及涉足"更清洁、更绿色"的混合燃料。2006 年 3 月 24 日，五角大楼的美军新闻处发表了一篇文章，题为《氢燃料电池可能有助于美国军方减少天然气的使用》，推测有一天这种技术可能会显著减少军方"交通运输对氢碳燃料的依赖"。

　　那一天还没有到来。事实上，在 2006 年 3 月 23 日，也就是那篇文章发表的前一天，五角大楼悄悄宣布了一系列国防部的合同，这些合同表明了它对石油的持续依赖程度：与瓦莱罗能源公司达成 241 265 176 美元的交易；与壳牌石油达成 171 409 329 美元的协议；与康菲石油单独签订的合同分别为 156 616 405 美元和 23 923 354 美元；与得克萨斯州炼油厂协会达成的 124 152 364 美元的协议；与卡鲁梅特·什里夫波特燃料公司达成的 121 053 450 美元的交易；与加里-威廉姆斯能源公司签署的一份价值 118 374 201 美元的喷气燃料合同；与 AGE Refining 公司达成 75 094 613 美元的协议；与特索罗炼油达成 43 994 360 美元的交易；与西方石油公司签署的一份价值 29 524 800 美元的合同——所有这些合同的完成日期都是 2007 年 4 月 30 日。

　　此外，在拉姆斯菲尔德任内，美国环境保护局向国防部授予了一项"国家安全豁免权"，允许不符合当前排放标准的卡车上路；军方取消了引进"混合动力柴油悍马"的计划［目前的军用车型在城市行驶时每加仑只能行驶 4 英里（ 每英里约为 1.609 千米），而在高速公路上每加仑只能行驶 8 英里］；军方同样放弃了用更高效的柴油机改装耗油量大的艾布拉姆斯坦克油箱的计划（目前在伊拉克服役的型号每加仑的燃油只能行驶不足 1 英里），同时，空军放弃了更换老化的"侦察机、运输机和加油机的发动机"的计划——你所看到的五角大楼显然在不久的将来无法改变其成瘾的方式。

从那以后，情况就差不多了。2007 年 3 月，在拉姆斯菲尔德的继任者、国防部长罗伯特·盖茨的领导下，五角大楼进行了为期 2 天的史诗般的狂欢。3 月 22 日和 23 日，美国国防部宣布，已与埃克森美孚、壳牌、康菲石油、瓦莱罗、得克萨斯炼油厂协会和其他 10 家石油巨头达成了"固定价格和经济价格调整"协议，这些协议将于 2008 年 4 月 30 日之前完成，总价值达 40 亿美元。另一场石油狂欢发生在 2007 年劳动节前后。在 3 天的时间里，国防部承认与英国石油公司、雪佛龙公司、特索罗公司以及其他 4 家公司签署了价值超过 14 亿美元的燃料合同。

五角大楼需要 2 样东西才能生存：战争和石油。如果没有石油，就无法进行战争。事实上，五角大楼的大规模破坏方法——战斗机、轰炸机、坦克、悍马和其他车辆——消耗了国防部 75% 的燃料。例如，B-52 轰炸机每次执行飞越阿富汗上空的任务时就消耗 4.7 万加仑燃料。但不要指望大型石油公司（甚至是规模较小的石油公司）会关闭和平之门。这些公司就像他们最忠诚的瘾君子一样，对战争坚贞不渝。毕竟，每一架 F-16

战斗机"打开加力燃烧器，冲破音障"，每分钟就会燃烧掉价值300美元的燃料，而 B-52 的每一次飞行任务都意味着 10 万美元的税收支出。

据美国国防工业协会（"美国领先的促进国家安全的国防工业协会"）的退休中将小劳伦斯·P.法雷利说，五角大楼是"美国最大的石油燃料消费者"。事实上，沙赫曼认为，五角大楼也是世界上最大的能源消费者。单凭这一点，就足以保证军事–石油复合体不会很快消失——下次你去壳牌公司、英国石油公司、埃克森美孚石油公司或美孚石油公司的加油站加油的时候，想想这些吧。

第四章

全球房东

1790 年，整个美利坚合众国的陆地面积为 864 746 平方英里。到 2000 年，全美国面积为 3 537 438 平方英里。在这期间，美国还获得了一个海外帝国。

在 19 世纪中期，仅仅用了 3 年时间，美国吞并了 50 多个太平洋岛屿。美国总共获得了全球至少 100 个互不相连的岛屿领土的所有权。与北美大陆的天定命运论一样，美国军方助推了这一行动。例如，美国海军在 19 世纪试图购买中途岛环礁，在遭到夏威夷国王的断然拒绝后，仅仅是夺取了该岛的控制权。1893 年美国海军还帮助推翻了夏威夷政府。在与西班牙的战争之后，美国获得了更多的海外资产，包括关岛、菲律宾和波多黎各。1934 年海军控制了约翰斯顿环礁。军方最终把它变成了一个存放化学武器的地方。

在第二次世界大战期间，美国从日本手中夺取了马绍尔群岛和密克罗尼西亚，包括比基尼环礁（第一次世界大战后，日本在国际联盟的支持下，从战败的德国手中夺取了这些岛屿的控制权）。1946 年，对这些岛屿实施全面控制的美国军队将比基尼岛的居民赶出了他们的土地，并将其变成了核试验场（而位于马绍尔群岛埃内韦塔克海岸的一个"外岛"最终成为放射性废料的墓地）。附近的罗伊纳穆尔居民也被赶出他们的岛屿，为一个高科技全套雷达设备让路。事实上，早在 1984 年，《曼彻斯特卫报》就曾写道，五角大楼"几乎把夸贾林环礁上的每一个岛屿上的居民都赶走了"，让 8000 名居民全都挤在这个占地 697 英亩（1 英亩约等于 4046.86 平方米）的小岛上。夸贾林环礁现在是美国陆军保密的罗纳德·里根弹道导弹防御试验场的所在地。

2001 年《纽约时报》也关注了这些被忽视的群岛，美国军方将这些岛屿作为事实上的殖民地加以统治（通过一系列 15 年的可续签协议）。据《纽约时报》报道，"在他们曾经熟悉的简单的捕鱼和农耕生活的地方，他们居住在一个人烟稀少的环礁上……流离失所的马绍尔人已被重新安置到埃贝耶和恩尼布尔等人口严重拥挤的岛屿，在那里霍乱疫情很常见，经常出现营养不良的情况"。

进驻全球

2003 年《福布斯》杂志披露，媒体大亨特德·特纳是美国顶级土地大亨，在美国拥有 180 万英亩土地。据《福布斯》报道，美国 10 大土地所有者"拥有 1060 万英亩的土地，或者说全国每 217 英亩土地中他们就拥有 1 英亩"。尽管这一数字令人印象深刻，但五角大楼拥有超过 2900 万英亩的美国土地，让特纳和所有的大地主们相形见绌。在国外，五角大楼的"足迹"也是一个巨人的足迹。例如，美国国防部控制着日本冲绳岛 20% 的领土，根据《星条旗报》的说法，它"拥有关岛 25% 的领土"。然而，土地所有权只是这个故事的一小部分。

查尔默斯·约翰逊在 2004 年出版的《帝国的悲哀》一书中指出，国防部在 38 个国家的 725 个基地部署了近 25.5 万名军事人员。从那时起，美国海外基地的总数已经增加到至少 766 个，根据国会研究服务处的一份报告显示，其总数实际上可能高达 850 个。不过，即便是这些数字也没有反映出美国国防部在全球的扩张局面，国防部毫不掩饰地将自己称为"世界上最大的'房东'之一"。

根据 2006 年的数据，国防部的"房地产投资组合"包括 3731 个地点。其中 20% 以上的地点位于美国及其领土之外，面积超过 71.1 万英亩。然而，这些数字最终也被严重低估了。例如，虽然五角大楼 2005 年的一份报告列出了安提瓜、中国香港、肯尼亚、秘鲁等地的美军基地，但一些拥有大量美军基地的国家却完全没有被提及，比如阿富汗和伊拉克。

仅 2005 年年中，美国就在伊拉克部署了大约 106 个军事基地，从美军最高司令部总部的大规模"胜利营"，到位于伊拉克腹地的 500 个小型前哨站，它们都没有进入五角大楼的统计名单。在这份名单上也没有提到约旦的基地，在 2001—2005 年的报告中也没有提到它。然而，正如军事分析人士威廉·阿金所指出的，在伊拉克战争期间，约旦允许 5000 名美军驻扎在其全国的各个基地。此外，大约 76 个国家允许美国军队使用他们的机场——谁知道还有哪些地方是五角大楼忘记承认或认为不适合被列入名单的。

即使没有约旦、伊拉克、阿富汗以及 2004 年初阿尔金提到的"秘密地给美国提供基地和设施"的其他 20 多个国家，现有的统计数据也为我们了解这个致力于在全球建立分支机构的组织提供了一扇窗户。事实上，五角大楼承认有 39 个国家拥有一个公开宣称的美国基地，它在全球 140 多个国家派驻了工作人员，并吹嘘自己拥有一个包括至少 57.19 万个设施的实体工厂。（五角大楼的一些数据甚至列出了一个更高的数字：58.7 万幢"建筑物和构筑物"）在这些设施中，61% 被归为楼房，28% 被归为建筑物，11% 被归为公共设施。这些设施中约有 466 599 个位于美国或其领土内。（国防部拥有或租赁了美国 75% 以上的联邦大楼）。其他 105 366 座楼房、建筑物和公用设施都在国外。所有这些设施的总价值为 6580 亿美元。

根据 2006 年的数据，陆军控制着国防部土地的大部分（52%），空军（33%）位居第 2，海军陆战队（8%）和海军（7%）排在最后。陆军的军事基地总数（1742 个）和军事设施总数（1659 个）也位居榜首。但是当涉及那些价值超过 1.584 万亿美元的"大型设施"时，陆军就被空军超过了，后者拥有 43 个大型基地，而陆军只有 39 个。海军和海军陆战队分别只有 29 个和 10 个。然而，海军自身的大型基地所缺乏的东西，却足以弥补借来的外国海军基地和港口——全球约有 251 个。

多样化

然而，土地和大型设施并不是国防部所拥有的全部。五角大楼还经营着 4 个军队娱乐中心的度假村。在国外，它还拥有德国加米施的雪绒花旅馆和度假村——"坐落在一望无际、美景如画的高山脚下"，拥有多家餐厅、一个室内游泳池、一个"健康中心"、一个互联网休息室、视频游戏室、一个体育旅馆和一个高尔夫球场，以及其他设施的一个田园。还有位于韩国首尔的龙山旅社，拥有餐厅、休息室、游戏室、健身俱乐部（以"奢华的红木桑拿、泡泡温泉"和室内游泳池为特色）、特色购物中心，以及一个有着"随音乐跳舞的壮观喷泉"的户外公园。在美国，军人们可以在夏威夷檀香山火奴鲁鲁的怀基基海滩的黑尔科亚度假，也可以在佛罗里达州奥兰多的华特·迪士尼世界的绿地乐园度假——该公司的网站宣称，它甚至"拥有自己的舰队"。

直到最近，美国海军还经营着自己的奶牛场，拥有自己的一群霍尔斯坦奶牛。尽管美国海军在 1998 年确实卖掉了奶牛，但仍保留了马里兰州甘布里尔斯的 865 英亩农场，现在已将其出租给地平线有机乳制品公司。虽然没有奶牛场，但美国陆军仍然经营马厩——比如约翰·C.麦金尼纪念马厩，陆军军葬仪式的 44 匹马中有许多都在这里养着。它还有一个大农场（大型动物研究机构）。事实上，五角大楼拥有成千上万的动物——从老鼠到狗、猴子。除了用于无法解释的"其他目的"的动物数量未知之外，仅 2001 年国防部就利用了 330 149 种动物进行各种类型的实验。

曾被称为军人服务社（PX）系统的美国陆军和空军联合服务公司是一个巨大的"联合军事活动"，它向"现役军人、国民警卫队人员和预备役成员、军队退休人员及其家属"出售商品和服务，然后把赚的钱投放回陆军和空军，包括所谓的士气、福利和娱乐项目（例如美国空军预备役司令部的度假村和娱乐中心）。

这家公司的商店规模之大令人难以置信。美国陆军和空军联合服务公司宣称，它"在全球 30 多个国家、5 个海外领地和 49 个州运营着 3100 多家设施"。它经营着约 160 家零售店和 2008 家快餐店，例如塔可钟、汉堡王、大力水手和肉桂卷……而且还在世界各地的军事设施上为军事社区提供便利店、专卖店和电影院，"包括在持久作战和伊拉克自由行动中的地点"。所有这些地方的销售都转化成了大笔的收入。2000—2004 年，美国陆军和空军联合服务公司的收入超过 379 亿美元。

国防部也拥有大量的设备。例如，它拥有令人难以置信的"超过 2050 辆有轨电车，被称为国防货运铁路交换车队"。据报道，国防部每年还运送 10 万个海上集装箱，每年在国内货物运输上花费 8 亿美元，主要是卡车和铁路运输。而在卡车方面，仅陆军就拥有一支由 12 700 辆重型机动战术卡车组成的车队（用于向战场上的其他战斗车辆和武器系统提供弹药、石油、机油和润滑剂的大型八轮车辆）和 12 万辆悍马。根据 2006 年五角大楼的一份报告，国防部总共拥有至少 280 艘舰船、14 000 架飞机、900 枚战略核导弹，以及 33 万辆地面战斗和战术车辆。

国防后勤局（DLA）是国防部最大的作战支援机构（在 50 个州中的 48 个州和 28 个外国国家开展行动），它自豪地说，"美国军队的吃、穿、装备维护、燃烧的燃料……可能都是国防后勤局提供的"。事实上，国防后勤局声称它"管理"了 520 万件物品，并在其国防配送仓库（从意大利、日本，到韩国、科威特）保持着价值 941 亿美元的库存。国防后勤局还经营着美国国防部储备中心（DNSC），该中心在美国 20 个地点储存 42 种"战略和关键材料"——从锌、铅、钴、铬和汞（2005 年超过 970 万磅）

到贵金属，如铂、钯，甚至工业钻石。自 1993 年以来，美国国防部储备中心拥有价值超过 15 亿美元的库存，并销售 57 亿美元的过剩商品，它自豪地说，"世界上没有一家私营企业能销售如此广泛的商品和材料"。

总的来说，国防部拥有"超过 1 万亿美元的资产和 1.6 万亿美元的负债"。毫无疑问，这是一个严重的低估，因为国防部历来喜欢有缺陷的簿记，而且根据其监察长的一项研究，至少有 1 万亿美元的开支它无法解释——或者，根据前国防部长唐纳德·拉姆斯菲尔德的说法，这笔数额高达 2.3 万亿美元。在安然公司的时代，做假账和囤积现金对一家美国机构来说已经非常普遍了。这家机构不仅把自己视为一个政府机构，而且用它自己的话来说，是"美国历史上最悠久、规模最大、业务最繁忙、最成功的公司"。事实上，美国国防部在其网站上表示，在预算和人员方面，它轻松击败了沃尔玛、埃克森美孚和通用汽车公司。

把整个世界掌握在手中

除了整合一系列令人眼花缭乱的资产，从钨到大号——仅在 2005 年，它就在乐谱、乐器和配件上花费了 600 多万美元——五角大楼还拥有大量住房——全世界有 30 万套住房。它也是一个典型的贫民窟房东，有一份公认的"18 万家庭住房不足"的清单。事实上，根据国防部副部长办公室（设施和环境）的数据统计，"大约 33% 的（军队）家庭住在基地内，他们的房子经常破旧不堪，太小，缺乏现代化设施——几乎 49%（8.3 万套）不合标准"。

与此同时，美国国防部自己的住所，五角大楼的面积超过了文莱的努洛伊曼皇宫，后者是世界上面积最大的私人住宅，占地面积为 120 万平方米。国防部夸口说五角大楼"实际上就是一座城市"——有 48.28 千米的高速公路，81 万平方米的草坪空间（包括一个 2 万平方米的中心庭院），28.16 千米的走廊，16 个停车场（大约有 8770 个停车位），7 个小吃店，2 个自助餐厅，一个餐厅，一个邮局，一个"信用合作社、旅行社、牙科诊所、售票处、献血中心、住房介绍所，以及其他 30 家零售商店和服务机构"，一个礼拜堂、一个直升机停机场和众多的图书馆。此外，国防部说，五角大楼的建设消耗了大量的自然资源；据报道，它的混凝土中含有"来自附近波托马克河的 68 万吨沙砾"。

五角大楼的其他设施也同样令人印象深刻。世界上最贵的两所房子加起来的价值——位于英国温德尔沙姆萨里、拥有 103 个房间、价值 1.38 亿美元的爱敦阁，以及位于科罗拉多州阿斯本市的沙特王子班达尔·本·苏丹价值 1.35 亿美元的滑雪度假屋——甚至都比不上圣赫勒拿海岸（拿破仑·波拿巴被流放和死亡的地方）附近小岛上阿森松辅助机场的价格，该机场的重置价值估计超过 3.37 亿美元。其他高价设施包括意大利的埃德尔营地：花费了 5.44 亿美元。西班牙的莫龙空军基地花费了 6.21 亿美元。土耳其因切尔利克空军基地花费了近 12 亿美元。韩国龙山基地花费了 13 亿美元。格陵兰图勒空军基地为 28 亿美元。加上美国在冰岛凯夫拉维克的海军航空站，估价为 34 亿美元，关岛的各种军事设施总价值超过 110 亿美元。

五角大楼拥有 120 191 平方千米的土地——几乎和朝鲜（120 538 万平方千米）一样大。它们比下列任何国家都大：利比里亚、保加利亚、危地马拉、韩国、匈牙利、葡萄牙、约旦、科威特、以色列、丹麦、格鲁吉亚或奥地利。这20个微型国家——梵蒂冈、摩纳哥、瑙鲁、图瓦卢、圣马力诺、列支敦士登、圣基茨和尼维斯、马尔代夫、马耳他、圣文森特和格林纳丁斯、巴巴多斯、安提瓜和巴布达、塞舌尔、安道尔、巴林、圣卢西亚、新加坡、密克罗尼西亚联邦、基里巴斯和汤加——7518平方千米的总面积与新墨西哥州的白沙导弹靶场的9307平方千米的军事基地相比相形见绌。

裁军？

近年来，五角大楼在全球各地建立了数百个基地，以支持正在进行的战争，同时也在重组其军队，以减少冷战时期的大型军事基地的兵力规模，并关闭那些不太具有战略意义的基地。这是否意味着五角大楼在世界上的控制减少了？不可能！事实上，美国军方正在探索前所未有的统治世界的长期选择。

目前，国防部只在公海上维持着一个移动的基地。这一情况可能已发生改变。五角大楼正在计划未来的"海基能力"。海上基地将不再只是一艘船、一支舰队或驻扎在世界各大洋上的"预置物资"，而是"一个由作战、舰船、部队、攻防武器、飞机、通信和后勤等概念组成的混合系统"。这种基地的概念在军队中越来越流行，因为这些基地"将有助于确保美军进入那些不让它拥有配套陆地设施的地区"。毕竟，正如科学委员会的一份报告所指出的那样，"海上基地是有主权的，不受联盟变幻莫测的影响"。

想象一下这样一个未来：与美国政策相左的国家的人民醒来后发现，美国的"大型海上平台"就漂浮在他们的领海之外。这可能是一个五角大楼可以扩大军事覆盖面的世界，把地球和海洋牢牢地掌握在自己手中，天空将成为国防部的极限。因此，2004年对于《美国空军转型飞行计划》的概述，美国《连线》杂志"威胁空间"博客编辑诺亚·沙赫曼写道："分析人士称，这是自冷战结束以来五角大楼将外层空间变成战场的努力中最详细的画面……这份报告将美国在太空的主导地位列为五角大楼在新世纪的首要任务。"事实上，美国军方的外太空政策声明宣称，"对美国来说，太空中的行动自由与空中力量和海上力量同等重要"。

第二部分

今天的企业伙伴

在全美被覆盖的经典的美国军国主义和军事化的基础上，让我们暂时把洛克希德、埃克森美孚、麻省理工学院和所有这些全球军事基地放在一边，来考虑一下当今军事-企业伙伴的范围。当然有美国人最爱的传统企业，例如电信巨头美国电话电报公司，但也有大量时髦的外国公司——比如丰田（2006年从美国国防部获得资金超过160万美元）和大众（超过190万美元）——以及年轻的美国民营企业，像谷歌（2006年获得13.7万美元），以及星巴克和电脑制造商苹果公司，你可能永远猜不到它们和五角大楼之间有业务关系。所以，戴上你的奥克利太阳镜，喝上一杯名牌咖啡，准备进入军事-甜甜圈复合体的油炸世界，来一次疯狂的旅行（我不骗你！）本节简要介绍了"民营"公司是如何迎合五角大楼的，以及平民消费世界和军方是如何交织在一起的。

第五章

星巴克去了关塔那摩，iPod 在伊拉克

说到 21 世纪初的美国文化，苹果 iPod 和星巴克咖啡实际上定义了这个主题。在美国的任何一个城市，有什么能比看到一个人处于轻度咖啡因戒断状态，由于苹果的白色耳机发出的音乐而与世界隔绝，站在星巴克排队等着点一杯高价格的超大杯冰布雷夫拿铁更普遍呢？除了他们在美国文化万神殿中的神圣位置之外，这两个完全平民的美国象征还有其他共同点：几乎不为人知的与美国军方的联系。

文化战士

毫无疑问，由于它们的标志性地位，苹果和星巴克都在战争初期卷入了围绕伊拉克战争的辩论。随着 2003 年美国入侵伊拉克，亚洲和欧洲掀起了抵制美国产品的运动，这是象征性地抗议战争。麦当劳、可口可乐、百威啤酒被抵制，以及毫不奇怪的是，星巴克成了"最受欢迎"的目标。例如，路透社报道称：

"萨拉·斯图尔斯是一名 22 岁的德国裔美国研究学生，2003 年 3 月的一天，她正前往柏林市中心的一家星巴克咖啡店，当时她的反战意识占据了主导地位。她说，'当我意识到这是错的时候，我正考虑去我喜欢的星巴克'，'我支持抵制，因为这场战争完全没有道理'。"其他人没有看到星巴克与战争的联系，认为这样的抗议是误导。（实际上，一场咖啡–复合体抵制运动还将不得不拒绝购买卡夫公司的麦斯威尔、雀巢的金牌速溶咖啡，以及宝洁的磨石咖啡品牌，它们是美军的标准咖啡选择。）

与此同时，2004 年夏天纽约艺术家们通过"Copper Greene"展示了她／他／他们对苹果 iPod 无处不在的"剪影"广告的文化干扰形态的模仿作品（西摩·赫什说，"Copper Green"是五角大楼的一个秘密行动项目的名字，该项目"鼓励对伊拉克囚犯进行身体胁迫和性羞辱，以获得更多有关伊拉克日益猖獗的叛乱活动的情报"）。在一排五彩缤纷的户外海报中间，艺术家们声称这款 MP3 播放器能够"把一万首歌放进你的口袋"，"Copper Greene"被点缀在"iRaq"海报上，海报上是阿布格莱布虐囚丑闻最具标志性的画面之一：一个戴着兜帽的伊拉克人的剪影，被捆在一个盒子上，面临着电刑威胁。此外，一枚炸弹取代了苹果的标志，标语上写着："1 万伏在你的口袋里，有罪或无罪。"

很快，类似的海报开始出现在其他城市。通过互联网、博客、fotologs（"flogs"）和网络杂志，观众对抗议艺术发表评论、提出批评、高谈阔论。许多人也表达了类似的抱怨。在一个网站上，一位评论家写道："因为我住在纽约，所以我到处都能看到 iPod 的广告。但是把伊拉克的酷刑和 iPod 广告的风格联系起来是没有意义的。"同样，另一位博主认为，"我不确定在流行的

iPod 广告中植入伊拉克恐怖主义和战争的图片，除了让苹果在某种程度上因为试图销售一种产品因此推动了战争而感到内疚外，还有什么修辞目的"。

星巴克双份浓缩的折磨

具有讽刺意味的是，苹果被贴上了酷刑的标签，而星巴克似乎在美国实施酷刑的地方正常运营着。

过去，星巴克曾起诉个人侵犯版权，甚至包括使用模仿商标。当一家克隆的星巴克咖啡馆在埃塞俄比亚开业时，这家西雅图咖啡巨头一点也不觉得好玩，它通过公司发言人表示，"即使在看似好玩的地方，这种盗用公司名称（和声誉）的行为，既衍生又削弱了公司的商标权"。但星巴克的女发言人瓦莱丽·黄表示，该公司对加州国民警卫队在阿富汗设立的模拟星巴克分店没有异议。这家店使用的是调味糖浆，以及每个月两次从加州的一家星巴克那里捐赠的咖啡豆——尽管这家假的星巴克位于阿富汗巴格拉姆空军基地，但臭名昭著的美国军方和中央情报局高度安全的拘留设施就坐落在这里，虐待、酷刑，甚至谋杀的可怕报道都在这里出现。

比巴格拉姆的"假星巴克"和"真酷刑营"更受欢迎的是2005 年初在"美国营"内兴起的被全面认可的星巴克咖啡厅。"美国营"位于更臭名昭著的古巴关塔那摩监狱旁边——星巴克的宗旨是"尊重和尊严"，并承诺为当地社区做出"积极贡献"。一到这个丑闻不断的地方，星巴克就开始向美军提供其招牌"摩卡咖啡、奶油和冰拿铁"，每天约 1400 杯。2006 年多伦多《环球邮报》报道称，关塔那摩监狱共有"3家星巴克"，除了被拘留者之外，他们为所有人提供"脱咖啡因脱脂拿铁"。

在被问及对监狱营地/酷刑中心的隐形支持时，星巴克在商业和人权资源中心提供的信函中，宣称它一直"致力于以一种对社会负责的方式经营业务，并遵循一套指导原则，其中包括以尊重和身份对待客人"。它希望自己的"商业伙伴也能这么做"。此外，星巴克表示，该公司将"不对关塔那摩监狱的合法性表达立场"。星巴克的一名发言人将其在关塔那摩的立场框定为仅仅是对公众意愿的回应："许多美国军人告诉我们，他们在偏远地区服役时怀念星巴克的经历，我们对美军经常要求星巴克咖啡感到惭愧。我们的许多客户和合作伙伴（员工）也认为，支持为国家服务的男女非常重要。"

iPODS 和 iRAQ

虽然星巴克多年来一直向驻扎在海外的美国军人捐赠咖啡，但直到2004年，这家企业咖啡连锁店才最终加入洛克希德·马丁公司和波音公司的行列，在与美国海军签署合同后，它成为一家成熟的国防承包商。另一方面，苹果公司与美国军方有着长期的合作历史。例如，1984年4月《华盛顿邮报》的文章"'苹果'用于选择导弹目标"，讲述了助理国防部长理查德·派瑞（他后来成为伊拉克战争的缔造者）的国会证词，他透露美国国防部购买了55台价值2.5万美元的苹果电脑，以协助军事指挥官选择核打击目标。

苹果公司在这10年的晚些时候继续向海军提供麦金塔电脑，

到 20 世纪 90 年代末，该公司已经与海军空战中心武器部签署了第二份合作研发协议。在第一轮测试中，苹果公司协助海军进行了高速反辐射导弹（伤害）作战演习训练，这是一种地面训练工具，旨在让 F/A-18 飞行员熟悉飞机导弹系统的使用。有了第二份合作研发协议，苹果公司负责销售的高级副总裁罗宾·艾布拉姆斯并不羞于谈论她想从这次合作中得到什么。这家电脑制造商看到了"苹果扮演关键角色的机会"，因此试图"让更多的苹果电脑和特定的军用电脑应用进入军方和政府市场"。

到 2003 年伊拉克战争时，苹果公司已经渗透进了这个市场——许多博客作者可能不知道这个事实，他们认为美国的占领和 iPod 制造商之间没有任何联系。肖恩·威德少校是美国陆军第三步兵师的一名情报规划人员，当时正在为入侵做准备。与此同时，2004 年 4 月，训练有素的 F/A-18 飞行员继续摧毁费卢杰市西北部地区；2004 年 11 月，炸毁了巴格达南部地区；2004 年 12 月，又炸毁了费卢杰；2005 年 10 月，又炸毁了阿尔布法拉吉村，据目击者称，这些军事行动至少造成 14 名平民死亡。

美国驻伊拉克士兵在执行任务时随身携带 iPod，并将其拼接到车内的对讲机系统中，苹果公司继续利用五角大楼的关系获利。2004 年该公司与美国国防部签订的单独合同不少于 20 份。到 2007 年，苹果公司的 iPod 已经完全进入军队服役，在部队的要求下，为帮助占领伊拉克而开发的语言软件被应用到苹果的设备上。军方甚至开始在征兵工作中使用 iPod——作为吸引孩子们交出个人信息的诱饵。国民警卫队开始在其网站上提供免费的 iTunes 音乐下载，以换取同样类型的信息。

像苹果 iPod 一样的地道美国味

根据怀旧的记忆，美国文化的旧版本以"妈妈和苹果派"为代表。今天，妈妈似乎被星巴克的咖啡师取代了，苹果派被换成了苹果的 iPod。但无论美国文化发生了怎样的变化，制造战争几乎带来了一种持续不断的影响力。因此，美国人喜欢喝的星巴克焦糖玛奇朵，使用的苹果 iPod 成为军事企业复合体的重要组成部分，也就不足为奇了。如今，像这样没有军事联系的美国象征标志将完全没有美国味。

第六章

这些靴子是用来杀人的

美国陆军特种部队于 1952 年正式成立，但直到越南战争期间才成为炙手可热的军事力量。"绿色贝雷帽"催生了书籍、玩具，甚至一部约翰·韦恩的电影，但当他们犯下的暴行成为头版新闻时，昔日的光环就失去了一些。在战场上，特种部队还定期测试国防部最新的实验设备。其中一个创新就是脚印引导。它的鞋底是塑料模塑的，而不是踏面的，设计的目的是让士兵的脚印与赤脚农民的脚印难以区分。这双靴子骗不了任何人——事实证明，要穿进去极其困难。

如今，特种部队因其精英地位和咄咄逼人的全球风格再次成为媒体宠儿。然而，现在特种部队开始穿上适合巴黎和米兰时尚风的靴子投入战斗。为什么不呢？他们有的是钱。早在 2002 年，以全球反恐战争和得到国防部长唐纳德·拉姆斯菲尔德授权为理由，空军将军查尔斯·荷兰向国防部报告，他的宝贝——美国特种作战司令部，在 5 年内将需要 230 亿美元的额外资金（几乎是以前分配的2倍）。不出所料，国会启动了新的特种部队时代——2004年拨给特种部队45亿美元——几乎比其司令部要求的还多1亿美元，并且比前一年增长了近50%。

或许是意识到，在"9·11"之后，设计师的装备将成为一种时尚，以高端、高格调太阳镜的供应商而闻名的奥克利在2003年正式宣布，它已经创造了"一种专门为美国精英特种部队设计的靴子"。这一消息实际上是在2002年被《连线》杂志泄露出来的，当时《连线》杂志公布了"21盎司军用靴子"的规格，"这种靴子可以为跑步、降落伞和快速绳降落提供缓冲和稳定性"，但警告说，"周末战士——（标准版）战术靴不会出售给平民"。

2003年，扶手椅战士（指只会纸上谈兵的战士）得到了放松。他们也可以穿上"精英特种部队标准版作战靴的消费者版"（225美元）和"精英特种部队标准版作战鞋"（195美元）。事实上，那年春天，这双鞋在洛杉矶像弗雷德·西格尔这样的超级时尚品牌商店上架，演员、喜剧演员、前电视外星人罗宾·威廉姆斯在那里抢购到了第一双鞋。

这种靴子的军用版是由奥克利的工程师与军事专家合作生产的。奥克利总裁兼首席设计师科林·巴登说："当他们需要执行突击任务穿的鞋时，就会来找我们。""军方将奥克利的创新视为一种超越对手的手段。"五角大楼很容易就选择了奥克利，自20世纪80年代中期以来，奥克利一直在为美国军方提供产品，最引人注目的是其标志性商品——眼镜。

2003年，巴登告诉美国有线电视台财经频道，"我们希望美国军队在伊拉克的成功有助于产品的销售"。然而，两者都难以取得成功。正如《华尔街日报》2004年的头条报道："奥克利，曾经时髦的运动品牌，已经失去了对时尚的眼光。"并进一步指出"占公司业务的一半以上"的太阳镜销售下降了6%。但也不全是坏消息。据该公司称，"军工鞋业在2004年大幅增长"，"2004年军队和其他政府部门的销售额从2003年的1680万美元增长到2710万美元，增长了61.2%"。

奥克利向美国政府出售11个独立的"家庭"太阳镜架。其中一款是奥克利SI M frame（军用设计）——黑色框架太阳镜，带有钚石弹道透镜，配有一个"清洁袋"和储物箱——可通过美国国防后勤局购得，售价90.40美元。M型眼镜架还配有激光护眼模型，该模型是与"纳提克实验室（特种作战部队）——特种项目、美国陆军特种作战司令部和海军特种作战研究组"合作生产的，除了"激光绿色"镜片外，还配有其他滤镜。

奥克利只提供给军方的其他产品（通过新泽西州彭索金的供应商马维尔国际）包括：

XX. A型 深成岩透镜和Unobtainium涂层防滑鼻垫，"通过流汗增加抓力"。

E Wire 2.1.型 带有"XYZ Optics"球面光学技术的太阳镜，奥克利说，这款太阳镜可以"从任何角度看都非常清晰"，非常适合"反恐特警队"和其他认真看待世界的人。

Straight Jacket眼镜。另一款拥有XYZOptics球面光学镜片，以及"增加两栖作战时的抓力"的Unobtainium耳套。

此外，阿姆洛姆国际供应商还提供以下奥克利装备：

奥克利SI Fives 2.0产品描述上写着，"这是一个太阳战区，所有的目标都是公平的游戏"。

奥克利还为军方提供了3种不同款式的护目镜、背包，以及为在肉搏战中提供额外打击而设计的战术手套——奥克利的军事联络员表示，这种军用模型"是从另一种（奥克利）手套平台开发出来的"。从外表看，它似乎是一副抗菌手套。但当被问及这个问题时，奥克利的发言人只会说："指关节实际上是碳纤维的，它是用来保护手不受战斗冲击的，无论是用手还是用武器战斗。"

大多数军事问题要想从奥克利那里获得直接答案是具有挑战性的，奥克利的代表也不会就未来给出具体的答案。不过，他们暗示可能会选择生产适合特定气候的靴子，比如伊拉克的沼泽地区。不过，目前奥克利并不需要新产品来增加其数百万美元的政府销售额。它现有的眼镜业务依旧红火——至少只要它还受到五角大楼善变的时尚之神的青睐。

据已经为陆军士兵项目执行办公室研发军用眼镜十多年的萨拉·摩根·克莱伯恩说，早在 1994 年，美国陆军就采用了防护眼镜，并在 1998 年向士兵们发放过这种眼镜，但士兵们普遍还是佩戴太阳镜。"我们没有设计出一个士兵可以接受的眼镜框架，"摩根·克莱伯恩说，"保护很重要，却不是激励因素。"陆军军医署长办公室的高级验光顾问查克·亚当斯上校则更为直率。旧款的太阳镜是"一个伟大的产品，但它看起来不像奥克利眼镜，一点也不酷"。

2005 年 7 月，亚当斯宣布，美国陆军正着手培育一种"文化变革"，能让所有士兵都把太阳镜视为离开营地不能不带的装备。亚当斯说："我们说的是给 50 万士兵戴上眼镜。"当一副太阳镜卖到 90 美元的时候，这可是一大笔钱，而且正如亚当斯指出的，奥克利的酷造型在军队中很受欢迎。

在美国国内，奥克利做生意靠的是极具代表力的声誉、外观酷炫的装备，以及听起来很硬朗的产品，比如"杀手开关"和"十字准星"（男鞋）、"子弹"夹克和裤子、"被踩坏的"连帽衫、"罢工"手套，以及被称为"雷管"和"刀锋"的手表。在所有平民军事和大男子主义宣传的背后，是奥克利与军方不断加深的关系。一旦你意识到这一点，奥克利的"子弹"就有了新的含义。

第七章

瞧一瞧军事–电信复合体

2006 年 2 月，美国军方高度机密的密码学机构国家安全局（NSA）披露了多年来的国内间谍活动，《今日美国》报道称，国家安全局已"获得包括美国电话电报公司、美国世界通信公司和斯普林特在内的大型电信公司的合作"，以窃听进出美国的电话和互联网流量，尽管法律禁止此类活动。报告指出，2002 年是美国国家安全局从事秘密间谍活动的开始。然而，《纽约时报》的一篇文章断言，电信公司"数十年来"一直在协助执法部门和情报机构进行未经授权的监视。

这些公司现在所提供的这种合作长期以来一直是惯例……电信行业官员表示，美国电话行业高管传统上一直将公司与情报机构的合作视为一种爱国责任。官员们表示，他们没有听说有公司因为合作而导致监管中断、获取合同或其他好处，这既是因为没有必要进行交换，也是因为这可能会暴露秘密援助。

几乎与此同时，"美国之音"报道说，"西部联合电报公司已不复存在"。这个看似无关的新闻实际上是理解为什么"没有必要进行交换"的关键。西部联合在新闻中出现，甚至以墓碑的形式出现，实际上是非常合适的。在"三叶草行动"（20 世纪 40 年代开始的一个项目，1952 年成立后由国家安全局接管）中，这家电报巨头尽职尽责地将每一份由西部联合从美国公民、企业甚至外国政府发出的国际信息的副本发送给国家安全局，直到 1975年该项目被关闭。在军事 / 情报间谍游戏中，这种长期存在的企业串通一气的行为，确实使普通的交换条件变得没有必要，尤其是在此类企业总是能获得"好处"的情况下。

以美国无线电公司（全球通讯）和国际电话电报公司（世界通讯）为例——这两家主要的国际电信运营商加入西部汇款公司，过去 30 多年里一直在泄露客户的隐私。从 1960 年到 1967年，在短短 7 年时间里，美国无线电公司获得了 20 亿美元，国际电话电报公司获得了 16 亿美元——记住，这是 60 年代的美元——在五角大楼的合同中，每家公司的总销售额占了近 20%。在此期间，电话业巨头美国电话电报公司总共从美国国防部的基本合同中获得了超过 41 亿美元的收入。到 1968 年，它成为第 6大国防承包商（而美国无线电公司排名第 26 位，国际电话电报公司排名第 29 位）。到 2005 年，不再是电话巨头的美国电话电报公司排名下滑，仅排在第 89 位，而其竞争对手美国世通公司则排在第 55 名。无论如何，所涉金额仍然巨大。

这些合同，而不是秘密的交换协议，应该被视为电信公司为五角大楼维护国家监视状态而进行"秘密援助"所获得的"好处"。尽管远未完成，以下 2002 年后国防部公布的合同清单是有指导意义的。

2002 年 4 月 4 日，MCI 世通公司获得国防研究工程网络的一份合同，10 年内最高限价为 4.5 亿美元。

2004 年 3 月 10 日，美国电话电报公司获得一份价值 11 539 089 美元的"即时合同"，"总累计面值为 61 290 152 美元"。

2004 年 4 月 23 日，MCI 世通公司获得一份价值 7 879 000 美元的合同，为伊拉克军队和联合军事援助训练小组提供一个现代化的数字蜂窝指挥和控制系统。

2004 年 4 月 27 日，斯普林特通信公司代表美国国土安全部与国防信息技术合同组织签署了一份价值 7 137 391 美元的合同，总价值为 19 620 776 美元。

2004 年 11 月 2 日，美国电话电报公司（无线服务）获得了一份价值 2000 万美元的合同，为美国海军提供全国性的商用移动电话服务。本合同包含期权，如果行使期权，本合同的累计估值将达到 1 亿美元。

2004 年 12 月 16 日，MCI 世通公司获得两份价值 15 400 082 美元的电路合同。

2005 年 2 月 28 日，斯普林特通信公司获得了一份 8 704 107 美元的固定价格合同，以提供日本三泽市和关岛安德森市之间一条 OC-12 线路的长期租赁。

2005 年 9 月 14 日，美国电话电报公司政府解决方案部门获得一份价值 9500 万美元的合同，为美国国家航空和空间情报中心数据开发部门董事会提供工程和技术专业知识。

2006 年 1 月 24 日，美国电话电报公司政府解决方案部门获得了一份 300 万美元的初始合同，估计生命周期价值为 95 397 395 美元。

仅在 2005 年，美国电话电报公司和 MCI 世通公司就收到了五角大楼总共支付的 807 669 962 美元，而斯普林特通信公司至少收到了 50 326 786 美元。同样值得注意的是，在 2005—2006 年，美国第二大电信公司威瑞森通信从五角大楼获得了 277 204 960 美元。因此，当 2007 年 10 月《华盛顿邮报》报道称，威瑞森通信向国会调查人员承认，自 2005 年以来，"数百次在没有法院命令的情况下"向联邦当局提供客户电话记录时，人们并不感到意外。

当你像美国电话电报公司一样深陷于军事-企业复合体中，而且你有数亿美元的收入岌岌可危，就像威瑞森通信、斯普林特通信公司和 MCI 世通公司一样，那么，此时甚至连获得回报的条件都没有被考虑进去。看看国际电话电报公司就知道了。虽然它在几年前退出了电信行业，但它仍然是五角大楼的宠儿，仅 2006 年就获得了超过 25 亿美元的收入。在一个到处触手可及的世界里，当你们都属于一个快乐的大家庭时，监视不需要其他帮助，只需要一个电话就能完成。

第八章

军事-甜甜圈复合体

根据美国陆军 2004 年的《学校招聘计划手册》，军队招聘人员被要求在学校里"每月为教职工送一次甜甜圈和咖啡"，以满足他们自己的需求。据报道，招聘人员也在向年轻人提供甜甜圈，以讨好他们。甜甜圈可能是军方填补空缺的一项关键资产，但如果你只关注五角大楼糕点选择的这一方面，你就不会接近军事甜甜圈复合体（MDC）的果冻中心。

从五角大楼到关塔那摩湾，再到伊拉克，从小商贩到行业巨头（甚至是最大的军工企业承包商之一），国防部与甜甜圈贸易紧密相连——更多的证据证明了军事-企业复合体的范围极其广阔（如果不是简单的荒谬的话）。

还疑惑吗？让我们回看 2001 年，美国陆军仅在俄克拉荷马州一家名为罗素甜甜圈的甜甜圈商场就花费了 16.3 万美元。2002年，美国陆军在佐治亚州和肯塔基州的卡卡圈坊甜甜圈店花了147 689 美元（在罗素甜甜圈店又花了 135 433 美元）。2002 年

3月，当美国海军免税服务司令部开始为五角大楼提供食品服务时，它迅速将唐恩都乐甜甜圈列入食品清单。从美国陆军的贝尔维尔堡到安德鲁斯空军基地，再到诺福克海军基地，在每个军事据点都可以找到唐恩都乐的经销店。唐恩都乐甚至成了军队的简历塑造者。据《纽约时报》报道，高级军事官员承认，2002年初驻扎在关塔那摩湾美国海军基地的陆军审讯人员中，几乎没有人"有任何有关恐怖主义、基地组织或其他相关主题的实质性背景"。然而，一名陆军情报预备役人员的资历确实无懈可击：他"曾经营过一家唐恩都乐"。也许，作为审讯／渗透计划的一部分，他被迫承担双重任务，因为在同一年，唐恩都乐向驻扎在关塔那摩的部队捐赠了500磅咖啡。

　　还需要确认存在一个军事-甜甜圈复合体吗？那就再看看2003年，卡卡圈坊在佐治亚州和肯塔基州的甜甜圈经销店获得了171 621美元的国防部拨款，而位于加利福尼亚州安大略米尔斯市的一家卡卡圈坊经销店向驻扎在伊拉克的海军陆战队捐赠了240个糖霜甜甜圈（在他们长途跋涉之后，这些甜甜圈可能已经变质了）。可以想象，为了不被超越，唐恩都乐集团——唐恩都乐甜甜圈的母公司——宣布"支持勇敢的美国军人"，并为此目的，"每月随机抽取50名美国军人……寄给他们一箱唐恩都乐咖啡"。或许他们还应该把一些糕点送给罗得岛州国民警卫队第173远程监视分队的上士贾斯廷·亨特。2005年，贾斯廷·亨特在伊拉克萨马拉巡逻时，一名记者听到他说，"他们在卡塔尔买了一个（咒骂语气）唐恩都乐甜甜圈"，"我会为了一个甜甜圈而杀人"。

　　一名记者写道，无论在卡塔尔或伊拉克能买到什么样的甜甜圈，士兵们都会"排着长队……去科威特阿里富震军营美军基地的 Hol-N-One 甜甜圈店买'城里最好的甜甜圈'"。一家行业杂志甚至建议，科威特的另一个基地——多哈营——应该被改名为"甜甜圈营"，原因是陆军和空军免税商店拥有一个占地 1858 平方米的永久性设施，"这里拥有专营油炸、空心甜点的特许经营权"。

仅在 2005 年，国防部在科威特"甜甜圈屋"公司花费了至少 120 万美元；在 2 家卡卡圈坊门店（一家在肯塔基州，另一家在北卡罗来纳州）花费接近 50 万美元；在佐治亚州"奥古斯塔甜甜圈"公司花费超过 10.5 万美元；在坦帕湾一家名为墨西哥湾甜甜圈公司（Gulf-Fla Doughnut Corporation）的卡卡圈坊花费了 3 万多美元。2005 年，军方还向超级面包店公司支付了 140 多万美元——超级面包店公司的老板是美国职业橄榄球大联盟前球星弗兰科·哈里斯（因"完美接待"而闻名）。该公司的招牌产品是超级甜甜圈，一种富含维生素和蛋白质的甜点。如今，据肯·霍夫曼在《休斯敦纪事报》上撰文称，"世界各地的军事基地"都供应这种超级糕点，包括驻扎在伊拉克的占领军的帐篷。

或许意识到甜甜圈是复合体的一个新的热门增长领域，2005年末五角大楼顶级承包商凯雷集团与另外两家公司联手收购了唐恩都乐，并开始"在美国乃至全球扩张该部门最强大的品牌唐恩都乐甜甜圈"。通过这次收购，2004 年第 20 大军事承包商迅速成为"世界上最大的咖啡和烘焙食品连锁店"的所有者之一……在全球 29 个国家拥有 6500 多家门店"。

无论是甜甜圈还是保龄球（截至 2004 年，美国陆军在世界各地的基地有超过 100 个保龄球场，总共 1830 个球道），或者几乎你选择的任何东西，都可以证明存在一个与你看似不相关的

"复合体"。这与实际存在的甜甜圈（或保龄球）行业同五角大楼的联系关系不大，而是与一个庞大、财力雄厚、触角伸向经济生活中每一个可以想象到的角落的军事机构有关。

第三部分

奢华的生活

当涉及复合体时，那些公司（第二部分提及的）的伙伴并不是唯一能在这里玩得开心的。美国军方和中央情报局也在享受着美国税收带来的惠利——他们把纳税人的钱挥霍在员工津贴、猪肉和枕头上（每个枕头要花 1800 美元）。

如果你认为五角大楼花 640 美元买马桶座圈，花 436 美元买一把普通羊角锤的日子已经一去不复返了（就像 20 世纪 80 年代那样），那么你绝对是正确的。如今，如果你想要得到一个五角大楼批准的"玉米片奶酪加热器"，你需要在 20 世纪 80 年代的马桶座圈价格上再加 400 美元。在里根的美好时代用来购买羊角锤的钱，现在只够支付在中东进行军事冒险的新必需品——一盏装饰性的"神灯"。

考虑到这些支出，国防部从未进行过财务审计就不足为奇了。2006 年参议员汤姆·科伯恩（俄克拉荷马州共和党人）特别提到了国防部"无法编制可审计的财务报表"：

> 换句话说，它们不能接受审计，更不用说通过审计了。如果国防部是一家私营公司，它早就破产了。2004 年，国防部制定了到 2007 年接受全面审计的目标。这个最后期限还没有到，事实上，它已经被推迟到了 2016 年……美国人被要求等待整整 10 年，然后他们的美元才能被追踪，以防国防部无法通过审计。这似乎是国防部财务经理们的新目标——去一个国防部实际上无法通过审计的地方。通过审计是 2016 年以后的一个梦想。

这种完全缺乏问责制的做法产生了严重的后果。当五角大楼在一套"相扑摔跤服"上砸下数千美元，或者当中央情报局沉溺于在欧洲各五星级酒店过奢侈生活的嗜好时，这反映了一个从旧军事-工业复合体延续下来的常项：对浪费性开支的强烈保证。考虑到这一点，让我们像（常乘飞机旅行的）富豪一族一样，免费参观复合体提供的所有的度假胜地、豪华酒店和奢华的生活吧。

第九章

挥霍浪费的胜出

早在 20 世纪 80 年代中期，美国国防部就因挥霍无度而臭名昭著：一个价值 7600 美元的咖啡壶、9600 美元的艾伦扳手——其中最著名的公款消费项目是——640 美元的马桶座圈。这引发了人们强烈抗议，并由此促使一些改革措施相继出台，但五角大楼仍在继续用纳税人的钱购买高价猪肉，而美国国会在国防拨款法案上附加一些自己喜欢的项目，加剧了这种浪费行为。结果不过是在丰厚的公款里双方互相掩护、利益往来罢了。

1996 年，尽管罗纳德·里根早已卸任，但他在国防部仍留有资产——有消息披露，五角大楼为 C-17 货机的一个门铰链支付了 2187 美元，而这原本只用花费 31 美元。同样，在 1998 年，据披露，五角大楼"花 714 美元购买 108 个原价格为 47 美元的电铃；购买的 1844 个螺纹嵌件每件售价 5.41 美元，而原价为 29 美分；购买的 31 108 个原价为 5 美分的弹簧，每只售价 1.24 美元；购买的原价为 57 美分的 187 个固定螺丝，每只售价 75.60 美元。"

2000 年，美国审计总署发现空间和海战系统司令部
（SPAWAR）用纳税人的钱大肆采购，购买了大量个人用的掌上
电脑，以及价值 100 美元的名牌手提箱和两个价值 400 美元的名
牌公文包。此外，空间和海战系统司令部还用税款为秘书节的鲜
花买单。与此同时，海军公共工程中心的员工购买了如此多的高
端物品，包括笔记本电脑、掌上电脑、DVD 播放器、空调、服
装、珠宝，以及眼镜、宠物用品和比萨，以至于美国审计总署甚
至无法统计他们究竟浪费了多少钱。

据报道，美国审计总署还发现国防部购买了 6.8 万张头等舱
或商务舱机票，而不是经济舱机票。美国审计总署的另一项调查
发现，从 1997 年到 2002 年五角大楼在未使用过的机票上浪费了
大约 1 亿美元。但是，在 1999—2003 年，当国防部购买了 13 架
赛斯纳通用飞机（售价 410 万 ~760 万美元的商用飞机）、两架湾
流公务机（每架高达 4500 万美元），以及两架波音 737S（一架价
值 5200 万美元的贵宾运输机，这些总计 2.72 亿美元）时，为什
么还要乘坐商用飞机（即使你有机票）呢？

2001 年 9 月 11 日，在这一天深深烙进美国人的心灵之前，
报纸在早间版上报道，国防部长唐纳德·拉姆斯菲尔德曾誓言要
打击五角大楼的浪费行为。拉姆斯菲尔德说："可以说，这是关
系到每一个美国人生活的大问题。""今天，我们向官僚主义宣
战。"而实际上，美国只是向一种无定形的情绪（"恐怖"）开战，
五角大楼长期以来挥霍无度的作风仍在延续着。

例如，在 2002 年，美国审计总署发现空军购买了"各种各
样的家居用品"……其中包括 2.4 万美元的沙发和扶手椅、2200

美元的名牌桌、近 1800 美元的行政枕头、每把 1000 美元以上的皮椅……以及包括石印、墙上挂饰、价值近 1.9 万美元的装饰性岩石以及每把价值数百美元的装饰性刀具在内的装饰配件"。部署在亚洲西南部的空军部队也花了 432 美元买"神灯,"花了 5.1 万美元买卡布奇诺咖啡机,花了 1000 美元买一个很酷的"玉米片奶酪加热器,"花了 3395 美元买相扑摔跤服,花费近 5000 美元买牛仔帽,花费将近 1 万美元买万圣节装饰品,花费 3.6 万多美元买掌上电脑,花费 27.6 万美元买数码相机,花费近 5 万美元买宾果游戏控制台。他们甚至花了 4600 多美元为阿联酋的一个空军基地购买沙滩沙,周围除了沙子什么都没有。

与此同时,美国审计总署 2003 年的一份报告揭露了这样一个事实:"国防库存系统过于松懈,以至于美军有 56 架飞机、32 辆坦克和 36 架标枪导弹指挥发射单元不见踪迹",五角大楼无法解释 1 万亿美元的开支。

到 2005 年,一切都没有好转。在美国审计总署列出"由于更容易受到欺诈、浪费、滥用和管理不善的影响,面临高风险"的联邦项目中,五角大楼现在占了整整 32%。事实上,自从 1990 年首次发布报告以来,其中的两项——国防部的库存管理和武器系统采办系统,每年都出现在这份名单上。总审计长戴维·M. 沃克将军在评论这些持续存在的问题时说,五角大楼拒绝解决这些长期存在的问题"导致每年数十亿美元的浪费"。

意料之中的是,美国审计总署在 2005 年还发现,大量"新的、未使用的、品质优良的物品被转移到国防部以外的地方捐赠,以 1 美元 1 便士的价格出售,或者被销毁",而同时五角大楼却在购买同样的物品,这造成了纳税人财富的巨大损失。国防部将价值 330 亿美元的物资列为过剩物资，其中 40 亿美元的物资被证实处于良好状态，但其中只有 12% 被再利用。例如，一个部队退回了"172 双新的、未使用过的极端寒冷天气靴，随后它们以每双 40 美分的价格售出"，而同时其他需要这种靴子的部队则购买了 214 双相同的靴子。物品再利用本可以节省纳税人 27 678 美元。

调查还发现，五角大楼以每件 3 美元的价格出售未使用过的生物和化学武器防护服的同时，以每件 200 美元的价格购买数十万套同样的防护服。为了说明这一点，美国审计总署的员工出去购买了价值 2898 美元的物品，这些东西曾让国防部花费了 79 649 美元，但是它们很快就遭到废弃。到 2007 年中期，这种奢侈的风气几乎没有任何明显的变化，在那一年 1～6 月，正如美国国家飞机和通信供应商协会发现的那样，价值至少 3.3 亿美元的战斗靴、头盔、背心、飞机部件和其他装备"被五角大楼废弃，而不是作为剩余物资储存或出售给供应商，而这些供应商有时会将它们重新卖给军方"。

美国审计总署 2005 年的报告发现，五角大楼就像一个被宠坏的孩子一样，因为总会得到源源不断的新玩具，所以不需要照顾自己的玩具，它也"把多余的物资不当地存放在户外几个月，（在那里）这些物资被风、雨和飓风损坏了"。有一次，一些崭新的东西被扔进了垃圾桶。其他的东西也不见了，包括"数百件军用防寒大衣和裤子，以及伪装外套和裤子"、147 件化学和生物防护服、76 件防弹衣、47 件雨衣、21 副化学和生物防护手套、7 个睡袋，以及电脑设备，各种其他的东西——对了，"还有 5 枚导弹弹头"。

当国防部在不断地捐赠、丢弃和弄丢军事物资时,《波士顿环球报》的布莱恩·本德指出,2006 财政年度的国防拨款法案充满了可疑的军事项目,比如,"500 万美元用于研究情绪障碍;270 万美元用于研究一种癌症疫苗;400 万美元用于寻找诊断心脏病发作的新方法;400 万美元用于'糖尿病再生项目'。这些都没有包括在五角大楼最初 3637 亿美元的开支需求中"。2006 年3 月,有消息称,由于五角大楼拒绝重复使用专为多次使用而设计的电子货运标签,因此自 1997 年以来在电子货运标签上估计浪费了 1.1 亿美元——这是自伊拉克和阿富汗战争以来最严重的浪费。

事实上,无休止的伊拉克战争明显加剧了五角大楼本已疯狂的支出倾向。到 2004 年,美国审计总署报告说,数十亿美元被浪费在伊拉克。这笔钱的很大一部分被哈里伯顿挥霍掉了——哈里伯顿是能源和基地建设巨头,它曾由前五角大楼负责人、后来的副总统迪克·切尼执掌。2005 年美国国防合同审计署发现,哈里伯顿收取了 4.42 亿美元的费用,但这些费用"没有证明文件支持"其合理性。美国国防合同审计署调查还发现,与里根时代相比,不能被证明合理的费用包括:"15.2 万美元的'电影图书馆开支',审计人员认为 150 万美元的裁剪费用过高了,56 万多美元的重型设备是不必要的,两张价值数百万美元的运输账单似乎(在时间上)重叠了。"同样,在 2007 年,有人发现,在前一年,五角大楼向另一家国防承包商支付了"998 798 美元的运输费,用于运送 2 个 19 美分的垫圈"。据《华盛顿邮报》报道,这是在"2004 年的单只 8.75 美元弯头管订单的基础上增加的,当时的运费为 445 640 美元……一个 10.99 美元的机器螺纹塞运费为 492 096

美元……在 2005 年，总价值 59.94 美元的 6 颗机器螺丝运费为 403 463 美元。然而，人们在哈里伯顿子公司凯洛格-布朗-鲁特公司前食品生产经理的证词中，却发现了最重要的信息。这位经理告诉国会议员，哈里伯顿公司向国防部收取的餐费可以涵括每天 1 万次用餐的费用，却从未提供过这样的服务。至少黄金马桶座圈和高价锤子是确实存在的！

第十章

反恐战争的享乐生活

美国中央情报局长期以来一直热爱这种美好的生活。1977 年，在参议院情报委员会的听证会上，有消息透露，来自旧金山中央情报局安全屋的特工"渗透到派对和舞会中，用迷幻药和其他致幻剂给客人的饮料添加迷幻剂，并观察他们的异常行为"。其他的特工往往是在高雅奢侈生活中开展工作的。中央情报局前特工罗伯特·贝尔深情地回忆起他在印度马德拉斯的第一次任务："那是一栋白色的两层石砌灰泥房子，有一棵巨大的榕树，还有一座茉莉花藤架，横跨整个车道。我的仆人都站在走廊下面——一共是 7 个人。"

1996 年，根据司法部发言人说，3 个低级的中央情报局工作人员被指控"偷了超过 108 张信用卡用于海外行动，花了 19 万美元买名牌服装、一套 60 碟的光盘系统、卫星天线、32 英寸彩电、汽车轮胎、华盛顿子弹队篮球比赛门票，信用卡预支了 3 万美元现金——所有这些都是在 9 个月内完成的"。这个几乎不为人知的丑闻引起了人们对中央情报局奢华生活的关注。毕竟，在一年中的大部分时间里，昂贵物品和预支现金的费用都被提高了，这显然没有引起任何不满或警告。但中央情报局并不是唯一一家以员工热衷奢侈生活为名的机构。

请记住，2001 年 9 月唐纳德·拉姆斯菲尔德曾说，"在这座大楼（五角大楼）里，尽管资源匮乏，钱却消失了。"他还指出，国防部每年浪费"30 亿~40 亿美元"，而士兵们却在受苦受难，这位国防部长坚持认为，"重点必须完全集中在作战人员身上"。

美国审计总署的一份报告（言简意赅）发现，在 2001 年和 2002 年，据估计国防部 72% 的高级舱位旅行既没有得到适当授权，也没有正当理由。显然，五角大楼"花费了近 1.24 亿美元购买 6.8 万多张机票，其中至少包括一些高级服务，主要是商务舱……根据美国审计总署的统计样本，估计高级文职和军方雇员——包括高级管理人员和获得参议院批准的总统任命的人——占高级舱旅行的近 50%"。报告发现，在 2 年内，美国国防部头等舱旅行花费超过 12 个主要政府机构的总旅行费用（包括机票、住宿、三餐），比如社会安全管理局、能源部、教育部、劳工部、住房和城市发展部以及国家航空航天局。五角大楼挥霍开支的一个典型例子是，一位国防部文职雇员和他的 3 名家庭成员"从伦敦搬到檀香山时，乘坐的是头等舱和商务舱的组合"。这名员工及其家人的旅行订单并没有授权他们乘坐头等舱，却签发了总计近 2.1 万美元的头等舱机票，而经济舱机票的费用估计为 2500 美元"。

伊利诺伊州众议员简·夏科夫斯基对美国银行发行的旅行卡（2006 年从国防部获得了 100 多万美元）造成的这种奢侈开支发表评论说："具有讽刺意味的是，这些问题都发生在国防部，一个重视纪律、指挥链和问责制的机构。这使得浪费、欺诈和滥用的文化似乎渗透到了国防部财政运作的各个方面，这让人更加无法容忍。这种情况必须得到遏制，否则对我们的士兵和美国纳税人是不公平的。"

与中央情报局打击节俭相比，军方的高价飞行机票虽然奢侈，但实在是小巫见大巫。意大利法庭文件显示，在 2002 年 12 月，中情局特工抵达米兰，避开一个斯巴达式的安全屋或低调的住所，在米兰威斯汀宫殿酒店度过了 11 天，威斯汀宫殿酒店是位于"米兰活力中心"的豪华酒店，酒店拥有 228 间豪华客房——包括 13 间享有盛誉的套房，其中 10 间配有轻松的土耳其私人浴室——以及位于酒店"迷人的私人阳台"上的卡萨诺瓦烧烤餐厅。共 18 人的中央情报局探员从 2003 年 1 月开始陆续抵达，和他们的先行者一样，他们还入住了米兰希尔顿酒店（每晚 340 美元）和明星罗莎酒店（每晚 325 美元）等其他豪华酒店，仅在客房费用上，中央情报局就分别损失了 2 126 667 美元和 1 528 095 美元。

据《华盛顿邮报》报道，整个月这些秘密特工都是米兰萨维亚普瑞斯普酒店的常客，这家酒店自称是世界上最豪华的酒店之一，拥有大理石内衬的水疗中心和售价约 10 美元的迷你酒吧可乐。其中 7 名特工在这家每晚 450 美元的酒店住了很长时间，累积了 4.2 万美元的账单，同时在大来卡账户上每天要结账多达 500 美元，以匹配他们最近伪造的身份。据《芝加哥论坛报》报道，另一支 7 人小组在威斯汀宫殿酒店的房费有 40 098 美元。威斯汀宫殿是位于普林西比广场对面的一家五星级酒店，那里的俱乐部三明治只要 20 美元。

2月初，19名间谍到达利古里亚里维埃拉海滨度假小镇拉斯佩齐亚，入住了两家酒店，但只停留了几个小时。然后一些特工驱车3小时返回米兰，而另一些则前往佛罗伦萨过夜。不久，至少有13名特工回到了米兰，在希尔顿酒店、喜来登酒店、加利亚酒店和萨维亚普瑞斯普酒店度过了又一个星期，共花费了144 984美元。2月17日中午刚过，这些初出茅庐的"007"们就走上米兰街头，寻找他们的"诺博士"。他原来是一名42岁的埃及裔神职人员，被怀疑是恐怖分子哈桑·穆斯塔法·奥萨马·纳斯尔，他在前往清真寺参加每日祈祷时，被中央情报局的一个8人绑架小组绑架。他们立即用化学喷雾攻击他，并把他扔进一辆白色货车。美国绑架小组携带17部手机，开始拨打美国和意大利的电话号码，允许意大利官员在他们的车辆前往美国空军阿维亚诺空军基地时追踪他们的足迹。

几个小时后，纳斯尔被迫登上利尔喷气式飞机，飞往位于德国的美国拉姆施泰因空军基地。据报道，这名神职人员随后被转移到"湾流4号"行政飞机上——中情局定期从拥有波士顿红袜队职业棒球大联盟特许经营权所有者之一菲利普·H.莫尔斯处租用（飞机上的红袜标志被"特别引渡"航班覆盖）——并被送往埃及，在那里虐待因犯是一种普遍现象。

纳斯尔的豪华旅行对中情局来说是家常便饭。除了租用飞机，中央情报局和国家安全局的联合项目"特别谍报汇集部"还经营着一整队豪华飞机，通常是湾流和其他公务飞机，包括一架波音商务机（737），以及常规军用运输机。其中一些商务机"注册给了一系列的虚假美国公司，比如俄勒冈州波特兰市的贝亚德海外营销公司"，而另一些则属于高级行政运输服务公司，这是一家与中情局有关的控股公司。他们由飞马航空技术公司、泰珀航空公司和航空合同承包商联合运营——该公司显然由中央情报局控制，它由美国航空公司（中情局越战时期的航空公司）的前首席飞行员吉姆·瑞恩创建。

虽然中情局团队的一些成员陪同他们的俘虏去了德国，但大多数人留在了意大利，继续过着奢侈的生活。其中至少有4名探员入住了威尼斯的豪华酒店，其他探员则前往佛罗伦萨、托斯卡纳和意大利阿尔卑斯山等地奢华的住所。后来意大利在对绑架行动的调查中发现，其中一名特工甚至在皮埃蒙特地区拥有一座别墅。

中情局不甘落后，在2003年和2004年，中情局特工参与了许多"秘密飞行，将被拘留或绑架的伊斯兰恐怖分子嫌疑人带到阿富汗、埃及和其他地方的审讯中心和监狱"，他们在西班牙的马略卡岛上过着奢华的生活，经常光顾"帕尔马的两个豪华酒店"，在那里"用业余时间打高尔夫球"。2004年1月，中情局特工绑架了一名德国汽车销售员哈勒德·马斯里，他被误认为是一名同名的基地组织嫌疑人，之后他们"花了近1700美元购买食品，花了85美元做按摩"。

马略卡岛的格兰梅利亚维多利亚酒店以每晚价格高达1000多美元的套房提供令人惊叹的海景而自豪，它距离当地的5个高尔夫球场只有很短的距离。另一家酒店，五星级马略卡岛万豪圣安特姆高尔夫度假村，提供"36洞高尔夫，步行即可到达酒店"、5个室内和室外游泳池、一个"豪华的整体生活水疗中心"，以及微型高尔夫、山地自行车道、网球场和桑拿。

国防部能与如此奢侈的生活竞争吗？尤其是在它颁布了"严禁使用政府资金支付高级舱位旅行（头等舱和商务舱）"的新规

定之后。既然有"除非在某些特定的情况下"的警告，有迹象表明上述情况是可能发生的。

事实上，国防部的对策是逃避责任。自 2003 年 11 月 17 日起，国防部长办公室的官员可以否决书面政策，批准头等舱旅行。但美国国防部长办公室并不是特例。国防部长和国防机构办公室的执行秘书、联合参谋长、军事部门的秘书们可以利用这一漏洞，这些秘书有能力进一步将权力下放给副秘书长、各军种参谋长和/或副参谋长以及四星司令部，或其三星级副指挥官和/或副指挥官。

当然，拉姆斯菲尔德不必担心旅行限制，因为他自己乘坐的是"高度改装的波音 747-200 四引擎喷气式飞机"，被人称为"飞行的五角大楼"，根据国防部的美国军队信息局介绍，"它包括一组准备提供食物和饮料的空乘人员"。与此同时，根据 2004 年 3 月的一份备忘录显示，拉姆斯菲尔德的下属获准乘坐商业航空公司头等舱的理由有 6 个，乘坐商务舱的理由有 9 个，这些理由包括"安全问题"，也包括"飞行时间可能超过 14 个小时"。

当谈到奢华的住处时，国防部仍然保持着竞争力。在美国，五角大楼为军事旅行者保留了一份"简朴"酒店的名单。这些"廉价旅馆"包括：

迈阿密机场希尔顿酒店：提供"热带隐居，独家住宿……和非凡的用餐……坐落在 100 英亩淡水湖蓝礁湖中心的一个私人半岛上……有慢跑路线……有一个 3000 平方英尺（1 平方英尺约等于 0.0929 平方米）的游泳池，还有网球场和篮球场"。

圣安东尼：一家温德姆历史悠久的酒店。得克萨斯州圣安东尼奥市的地标性建筑，有"永恒的优雅和一流的服务……来自世界各地的奢华地毯、青铜器和艺术品……（包括）法兰西帝国的古董"。

亚历山大马克中心希尔顿酒店："毗邻一个43英亩的植物保护区，为前往华盛顿的游客提供了一片宁静的绿洲。从酒店高耸的玻璃中庭和意大利大理石覆盖的大堂……客人一到就知道他们一定会在这里度过一段难忘的时光……只有一流的酒店才能提供的服务和便利。"

国防部还拥有自己的军队娱乐中心——包括夏威夷怀基基海滩上的黑尔科亚（Hale Koa）酒店在内的特殊军事度假村。但是，在怀基基建立自己的度假胜地对国防部来说是远远不够的。记录显示，2004年五角大楼将美国纳税人的钱付给夏威夷怀基基海滩王子酒店，其中包括57个豪华套房，一个由传奇阿诺德·帕尔默和著名的球场设计师艾德·西伊创建的高尔夫球场、网球场、日间水疗和美容院等设施。2005年，国防部在怀基基的海景酒店花费了29 000多美元，在夏威夷希尔顿度假村和水疗中心花费了4.1万多美元——一个占地22英亩的临海建筑群，包括"怀基基海滩上最宽的一片白沙"和一个岛上最大的临海的"超级游泳池"。同年，国防部还向怀基基海滩公寓支付了250多万美元，并在"私密精品酒店"逸林阿拉纳怀基基酒店花费了17.6万美元。2006年它支付的费用更多，向逸林阿拉纳怀基基酒店支付了超过8万美元。

军人——至少具有一定的军衔或职位——在海外旅行时享受着美好的生活，即使执行任务时也是如此。2004年，美联社的一篇报道披露，美国海军犯罪调查局的特工使用"一家五星级科威特酒店"作为审讯中心。生活奢侈可能是一种习惯，因为在2005

年，美联社还透露，"美国军人……在伊拉克度假期间经常光顾约旦的五星级酒店"。同年，《纽约时报》揭露了这样一个事实：当 2 名美国特种部队狙击手因在哥伦比亚持枪行凶而被捕时，他们是在"一个豪华的住宅小区"被发现的。

美国的平民承包商和他们的军事承包商一样，对奢华生活有着相同的追求。尽管平民承包商"在伊拉克获得过战场嘉奖"（军方后来称这些为"错误"，并撤销了该奖项），有时还穿着与美军相同的制服，但国防部的旅行规定明确指出"承包商不是政府雇员"。他们只是看着这些发生，被如此对待，然后同样如此行事。在 100 万美元的纳税人资金丢失后，哈里伯顿子公司凯洛格·布朗·路特集团派遣了一个"老虎小组"前往中东进行审计。埃德·哈里曼在《伦敦书评》上写道："凯洛格·布朗·路特集团的老虎小组住在科威特五星级凯宾斯基酒店，队员们在那里花费了 100 多万美元……美国陆军每天花费 1.39 美元睡在帐篷里……它要求"老虎小组"搬进帐篷，但被拒绝了。"为什么他们不拒绝呢？毕竟，这些军用帐篷缺少凯宾斯基酒店提供的"水果篮和每日送洗的衣物"。凯洛格·布朗·路特集团的员工很可能已经习惯了这种奢华的生活，因为他们之前曾对科威特希尔顿度假村员工的"消费水平"表示过担忧，科威特希尔顿度假村是一家"靠近科威特城的五星级海滨酒店"。但是，如果你认为军人们是被迫放弃希尔顿酒店长达 1 英里的私人海滩、两个游泳池、健身俱乐部、网球场、水疗中心、商场和餐馆，而选择便宜的帐篷时，那你可要三思了。国防部的记录显示，五角大楼 2004 年向这家酒店支付了 2.6 万多美元，2005 年支付了超过 30.5 万美元，2006 年支付了超过 28.4 万美元。

第四部分

那是娱乐

从奢华的生活转移到真正浮华和充满魅力的复合体——由于它与娱乐行业的联系——似乎是再自然不过了。军队娱乐人们已经有很长一段时间，它在用它的大场面来吸引人们。例如2005年10月—2006年9月，美国陆军乐队在45个州的179个城市的320次活动，为57.4万多人表演。据报道，与此同时，美国陆军的"黄金骑士"跳伞队，每年在飞行表演和体育赛事节目中（包括美国职业棒球大联盟、纳斯卡跑车赛、美国职业橄榄球联盟）会为1 200万观众提供娱乐。

与此类似，海军陆战队乐队每年进行500场公开的官方演出。而空军则派出它广受欢迎的"雷鸟"特技飞行表演队，据空军说，"全美50个州和57个其他国家的2.8亿观众看到了它的表演"。如果算上电视观众，这个数字无疑会达到10亿。海军特技飞行表演中队"蓝天使"，也有着相似的表演记录。仅2005年，海军飞蛙跳伞队在圣地亚哥大型水上飞机比赛、多家职业棒球大联盟主场开幕式、普瑞克斯赛马会、周一晚间的足球比赛等多种多样的活动中表演给众多观众看。

然而今天，在复合体的这些经典方法之外，许多新潮玩法也加入进来——比如电影。虽然美国军队与好莱坞关系由来已久，但过去那种特别安排已经结束了。现在美国空军运营着娱乐联络办公室的官方网站 airforcehollywood.af.mil。美军甚至在洛杉矶一栋办公大楼的一层建立了一站式服务点——陆军、海军、空军、海军陆战队、海岸警卫队和国防部在这里都设有电影联络处。此外，国防部在五角大楼运营着一个完整的"娱乐媒体部门"。但事情还没有结束。

2007 年，陆军、海军、空军和美国科学应用国际公司（2006年国防部第 10 大合同商，合同协议达到 28 亿美元）、"右翼"杂志《国家评论》《在好莱坞》等一起，赞助了第一届美国军人（大兵）电影节——一场为期 3 天的活动，包括 22 部电影的放映，许多小组专题讨论，"包括军队高层、电影导演、好莱坞高管和其他来自华盛顿特区的意见领袖的一场贵宾鸡尾酒会"。电影节抓住了复合体一些新的相互关联的典型特征。

甚至有一个旋转门在起作用。例如美国军人电影节的总监——陆军少校劳拉·劳，不仅是一名有 17 年军龄的老兵、一名陆军预备役的军事情报官员，还是"为陆军预备役开展的全国征兵媒体活动的对象"——在陆军的 GOArmy.com 上有一个专门介绍她生平的网页。以陆军中校保罗·西诺为例，他就职于公共事务局局长办公室，这是陆军和娱乐行业打交道的一个分支部门。西诺曾在 20 世纪 80 年代的越战主题电视剧《突击越南》（又名《霹雳神兵》）中担任技术顾问。1991 年他从军队退役后，在电影行业工作了 10 年——写剧本、当演员、做制片人、教授剧本写作。2004 年他被召回军队，他的工作从拍自己的电影例如《雷霆核武》（1997 年）——关于派遣特别行动小组去摧毁一个朝鲜核设施的故事——换作协拍迈克尔·贝的大片《变形金刚》（2007 年）。

艾森豪威尔的军事-工业复合体从始至终完全是灰橄榄色（美军服颜色）——尤其突出褐色。今天这个复合体是灵活的、极端的，并且融入了流行文化。这是有原因的。通过吸收平民的"酷文化",军事-企业复合体能够和军队建立积极的联系,使年轻人沉浸在诱人的、有趣的军事化世界,并把与军队的互动作为当今美国人的第二天性。正因如此,从视频游戏产业到各种形式的汽车文化,这个复合体现在渗透在美国娱乐的方方面面。所以系好安全带,享受从好莱坞大道驾驶到代托纳国际赛道的旅程吧。这难道不是很酷吗?

第十一章

60 亿电影和没有分别

在 20 世纪 90 年代末，六度凯文·贝肯是一款旨在通过电影或电视剧，将演员凯文·贝肯和任意演员（活着或死去的）联结起来的游戏，联结起来只需要不超过六步——它成为一种现象。六度凯文·贝肯在成为一款棋盘游戏和一本书之前，就已经在互联网上传播开来，并在美国流行文化的殿堂中占据了一席之地。

这是游戏的一个新版本：目标是让凯文·贝肯和美军联系起来。一种常识性方法是首先考虑贝肯的军事角色——他在第一部故事片，1978 年喜剧经典《动物屋》中扮演后备军官训练队学员，在 1992 年电影《好人寥寥》中扮演海军陆战队检察官上尉杰克·罗斯。但是这个游戏不像它看上去那么简单。《动物屋》几乎不是一部亲军方的电影，国防部实际上拒绝让电影《好人寥寥》使用它的军事设施。五角大楼声称，剧本强化了"这样一个结论，即刑事骚扰在海军陆战队内部不仅是司空见惯的和可接受的做法，而且还需要其他军种来揭露这种违规行为，并将犯罪者绳之以法"。电影发言人解释五角大楼的决定:"这肯定不是一部招兵电影。"那么这意味着游戏结束了吗?打消念头吧。在现实中,贝肯和五角大楼没有任何程度的分离,因为这位演员已经出演过一部军事电影——一部真实的电影。贝肯回忆:"当1975年越战结束时,我已经在考虑成为一名演员,我被派去演这部征兵电影。这是一种软推销。我只是一个刚高中毕业,还不知道干什么的孩子,所以我接受这份工作,参加了演出。这是我第一份有报酬的表演工作。"

凑巧的是,当谈及复合体与好莱坞的联系时,贝肯也无比尴尬。五角大楼甚至可能是好莱坞的终极内部人士。所以让我们来玩一个新版本的凯文·贝肯六度游戏,用军队代替凯文。目标是跟随着好莱坞和军队之间千丝万缕的联系,它们使国防部从无声电影时代,到今天日益壮大的军事-电影复合体,一跃成为银幕上的真正传奇,最后怎么收场呢?——凯文·贝肯。让我们捧着一大盆爆米花坐下来,欣赏表演吧……

让我们回到1915年,当时作为对申请援助的回应,美国战争部长约翰·韦克斯命令陆军给D.W.格里菲斯执导的亲"三K党"的史诗电影《一个国家的诞生》提供合理的援助。陆军给这部电影提供了所需的1000多骑兵和一支军乐队。这部电影由乔治·贝朗主演,他在《圣奎丁监狱》(1937年)中继续与亨弗莱·鲍嘉和格伦·卡文德合作——《圣奎丁监狱》描写一名前陆军军官受雇于臭名昭著的加州监狱实行军事纪律。卡文德还和演员/导演辛迪·卓别林——查理·卓别林的兄弟,一起出现在《海盗潜艇》(1915年)中,美国海军为这部电影提供了一艘潜艇、一艘炮艇,以及圣地亚哥海军船坞的使用权(这部电影甚至被批准在海军招兵处放映）。

后来，辛迪·卓别林与埃德蒙·布里翁共同出演非军事电影《有一点绒毛》（1928 年）。埃德蒙·布里翁曾出演 20 世纪 30 年代第一次世界大战航空史诗片《拂晓侦察》（1938 年）。这部电影由约翰·蒙克·桑德斯担任编剧，他写过另一个关于第一次世界大战的电影剧本——获奥斯卡奖的《翼》（1927 年），由加里·库珀主演。《翼》主要得到了战争部（在它被称为国防部之前）的支持，并赢得了首个奥斯卡最佳影片奖。

加里·库珀提供了与《约克军曹》的联结，这部 1941 年的电影由第一次世界大战的陆军航空兵元老（《拂晓侦察》导演）霍华德·霍克斯导演，被许多人指责是兜售战争的宣传片。霍克斯后来执导华纳兄弟的电影《空军》（1943 年），其中有演员雷·蒙哥马利参演，该片描述了在太平洋服役的轰炸机组成员，此片获得了陆军航空兵的援助。事实上，战争部甚至快速跟进了剧本的评论，因为这部电影被认为"是一次特殊的空军招兵工作"。

同年，蒙哥马利和亨弗莱·鲍嘉还在华纳兄弟的《73 舰队潜艇战》中扮演小角色（这部电影得到了商船队和海军的支援）。此外，鲍嘉又和劳埃德·布里奇斯共同出演了哥伦比亚影业公司的《撒哈拉沙漠》（1943 年），这是一部关于第二次世界大战的史诗片，其制作得到了美国陆军的全面支持。布里奇斯后来与范·约翰逊、斯潘塞·屈塞一起出演非军事电影《怒海雄风》（1952 年）。但在那之前很久，约翰逊和屈塞就在米高梅的《东京上空 30 秒》中走红，这是一部纪念 1942 年"杜立特空袭"的电影——美国发动的轰炸行动，毁掉了包括工厂、学校，甚至是医院在内的平民场所——当然这部电影的制作得到了战争部的支援。

范·约翰逊在另一部米高梅电影《战场》（1949年）中一路奋战，这部电影不仅有坦克、卡车和其他从陆军借来的装备，而且还有第101空降师的20名军人扮演临时演员。《战场》由约翰·霍迪亚克共同出演，同年，他和吉米·斯图尔特一起出演了第二次世界大战冒险片《黄昏大道》（1949年）。斯图尔特在第二次世界大战初期加入空军，最终成为一名上校，并获得美国空军奖章、杰出飞行十字勋章、7枚银质战斗勋章。随后他在空军预备役工作，以空军准将身份退休。在预备役时，他在电影《战略空军》（1955年）中凌空飞行，这部电影是在空军战略司令部的真正指挥官柯蒂斯·李梅将军敦促下构思出来的。即使是在冷战时期对装备有要求的情况下，战略司令部还是给派拉蒙公司援助了B-36轰炸机、B-47喷气式轰炸机，还有一名全职上校作为技术顾问。

但那只是战略空军司令部与好莱坞众多联系中的一种。例如1963年电影《雄鹰聚会》得到了战略空军司令部全力支持。该片由《战场》编剧罗伯特·皮洛许撰写脚本，由偶像派男演员罗克·赫德森出演，该片的真实性得到了李梅将军的好评。这种现实主义在某种程度上可以通过以下事实来解释：电影的部分片段是在加利福尼亚的比尔空军基地拍摄，电影制片人获准进入位于内布拉斯加州的奥马哈市的战略空军司令部地下指挥所。赫德森（他也曾出演1948年空军援助电影《战斗机中队》）甚至被允许通过战略空军司令部的全球广播警报网络来广播他的台词。

赫德森后来和约翰·韦恩一起出演电影《无懈可击》（1969年），但是那时"公爵"还没有出演他的军事-娱乐杰作《绿色贝雷帽》(1968 年)，这部电影得到了在越南陷入困境的美国国防部的全力支持。在总统林登·约翰逊的授权下，这部电影获准在军队的本宁堡训练场拍摄了 107 天。除此之外，五角大楼还把飞机、直升机、武器、部队和顾问们——一个技术顾问负责监督军事援助事宜，一个本宁堡的联络官员负责安排装备和人员，一个联络官负责审查电影拍摄过程——借给联合导演和演员韦恩。

有了军方的所有投入，正如《综艺》杂志所说的那样，《绿色贝雷帽》取得了叫好又卖座的票房成绩。然而，几乎所有的影评人都对这部电影大加挞伐。一位《纽约时报》电影评论家甚至认为它"糟到无法形容，每个细节都太烂了、错误百出……是邪恶和疯狂的"。这部电影受到反战抗议者谴责，他们聚集在全球影院外抗议。当披露出这部电影使用的部队、装备、土地和各种服务可能花费纳税人 100 万美元，政府却只收了 18 623.64 美元时，这部电影在美国国会遭到抨击。军队反驳称，参与电影拍摄的军人从他们的参与中也获得了"训练的好处"。

与约翰·韦恩合演《绿色贝雷帽》的乔治·武井（因在《星际迷航》中扮演苏鲁先生而为人所知），他对于军事–娱乐复合体来说也不陌生了，他曾出演 1960 年海军陆战队援助的电影《玉碎塞班岛》，以及 1963 年电影版约翰·F.肯尼迪的《PT-109 鱼雷艇》（这部电影海军提供了 1 艘驱逐舰、6 艘其他舰艇、各种装备和一些水手）。武井（他在 1986 年海军支援的电影《星际迷航4：抢救未来》中被"传送"）也曾和格兰特·威廉姆斯合作，格兰特后来在电影《虎！虎！虎！》中出演过，这是一部 20 世纪福克斯公司在 1970 年拍摄的电影，是一部惊人的大预算电影（至少 2 500 万美元）。对那部电影，国防部提供了研究资助、资料片、对剧本多个草稿所做的评论、一个海军技术顾问、一个计划要拆除的飞机库（后来在电影中把它炸毁了），以及在珍珠港使用的海军舰船。海军愿意为了好莱坞超越既有标准，它甚至将30架"日本"飞机装载到"约克敦"号航空母舰上，用来攻击。

军队与好莱坞合作显然可以追溯到很久以前的默片时代。但是在20世纪70年代出现一个转变，一种新的、加强的关系出现在二者之间，这在很大程度上是为了应对由越战带来的美军激增的负面形象，以及不得不派遣一支完全由志愿者组成的军队的愿景。军方渴望得到帮助，以恢复其形象——甚至给"平民"电影提供援助——而电影行业对此欣然应允，例如20世纪福克斯公司1974年与海军合作的非军事类电影《火烧摩天楼》（1974年），海军借给了他们直升机，电影公司在演职员名单中以致谢的形式对海军表示了感谢。这部电影由军事-娱乐复合体长期的忠实拥护者威廉·霍尔登主演，他曾出演《金粉银翼》（一部1941年军队援助的宣传电影，也可能是一部招兵电影），以及电影《独孤里桥之役》（1955年由海军支援）。他还和格伦·福特共同出演了电影《来自科罗拉多的人》（1948年）——格伦·福特和查尔顿·赫斯顿一起出演了《中途岛之战》（1976年），这部电影被允许在"列克星敦"航空母舰上拍摄2周。

赫斯顿随后出演电影《死亡潜航》（1978年，在电影中他按剧本写的向国防巨头通用动力致敬）。这部1978年的潜艇惊悚片得益于使用了一艘真实的潜艇、救助船，并得到一些水手作为临时演员，这一切都是由海军提供的。电影《死亡潜航》中还有演员斯泰西·基齐，他在1980年参演一部改编自菲利普·卡普托小说《战争谣言》的电视电影。尽管这部电影关注的是美国越战中糟糕的一面，但是海军陆战队还是提供了一位顾问（他缓和了卡普托回忆录中非常令人不安的部分内容）、军事设施的使用权，以及30位海军陆战队员。

同时出演《战争谣言》的演员布莱恩·丹内利，之后又和斯科特·格伦一起出演1985年的西部片《西瓦拉多大决战》。但是在他成为一个牛仔之前，格伦曾在《太空先锋》（1983年）中扮演过海军试飞员和美国国家航空航天局的宇航员艾伦·谢泼德这个角色。那部电影改编自汤姆·沃尔夫的小说，部分场景在加利福尼亚的爱德华空军基地拍摄，使用了各种类型的飞机和装备，还邀请了空军现役军人作为临时演员。

曾在《太空先锋》中作为宇航员约翰·格伦被送入轨道的艾德·哈里斯，在1995年卖座电影《"阿波罗"13号》中从太空舱移动到国家航空航天局控制室（加利福尼亚范登堡空军基地借出空军人员作为临时演员，并借出装备）。和他一起坐在副驾驶座位上的正是凯文·贝肯。出演《"阿波罗"13号》的还有演员比尔·帕克斯顿，一年前他曾出演过阿诺德·施瓦辛格的卖座电影《真实的谎言》，这部电影得益于海军陆战队的支援。帕克斯顿还参演1990年电影《飞虎神鹰》（海军援助的），以及2000年和演员大卫·基思一起出演了由海军支援的潜艇动作片《猎杀U-571》。2000年基思出演了罗伯特·德尼罗/库巴·古丁的电影《怒海潜将》（得到了海军的全力支持）。第二年，基思又出演《深入敌后》（这部电影得到海军和海军陆战队支援，包括使用"卡尔·文森"号航母和"超级大黄蜂"战斗机）。

《真实的谎言》为军事-娱乐矩阵又提供了另一条链接。这部电影的另一个演员汤姆·阿诺德曾和史蒂文·西格尔在《绝命出路》（2001 年）中合作（西格尔 1992 年的电影《潜龙轰天》和 1996 年的电影《最高危机》分别得到了与海军和陆军合作的机会），同时出演的还有布鲁斯·麦克吉尔，他还出演过 2002 年的电影《惊天核网》。这部电影在怀特曼空军基地和奥夫特空军基地取景拍摄，《惊天核网》中出现了大量的美国空军飞机，并得到多名空军技术顾问的支持。另一个参演的演员摩根·弗里曼又出演了 1998 年电影《天地大冲撞》（陆军支援）和《肖申克的救赎》（1994 年），他扮演反战活动家蒂姆·罗宾斯的对手角色，蒂姆又和另一部海军援助的卖座大片《壮志凌云》有联系，这部电影由汤姆·克鲁斯主演。

和弗里曼共同出演《惊天核网》的还有本·阿弗莱克，他在 2001 年历史大片《珍珠港》中担任主演，这部电影在资金方面得到了海军支持，甚至其首映仪式还被安排在核动力航母的甲板上。阿弗莱克在《珍珠港》中和库巴·古丁（演过《怒海潜将》）、汤姆·赛兹莫尔（参演 1991 年海军援助电影《捍卫入侵者》）及乔什·哈奈特共同出演。同年，哈奈特和赛兹莫尔出演了雷德利·斯科特的卖座大片《黑鹰坠落》，这部电影得到了陆军的全力支持。五角大楼给电影提供了 8 架战斗直升机、100 名士兵，包括第 160 特种作战航空团成员，以及 2 名技术顾问。

汤姆·赛兹莫尔随后出演了越战电影《我们曾是战士》（2002 年），这部电影得到了陆军的很多援助。和他共同出演的演员史蒂文·福特曾出演电影《世界末日》（1998 年），这部电影部分是在爱德华空军基地和帕特里克空军基地取景拍摄，使用了空军的雷鸟战机，雇用了空军人员充当临时演员和安保人员。这部电影还吹嘘自己有一大群军事-娱乐人物，包括：欧文·威尔逊（演过《深入敌后》）、迈克尔·克拉克·邓肯（曾为海军援助的视频游戏《美国海豹突击队》做声音旁白）、威廉·菲德内尔（参演《珍珠港》和《黑鹰坠落》，而电影中最大牌的人物是现在为人熟知的本·阿弗莱克）。

另一个出演《珍珠港》的是汤姆·埃弗雷特，他曾参演电影《空军一号》（1997 年），这部电影由哈里森·福特主演。《空军一号》使用了美国空军飞机，雇用空军人员作为临时演员，部分场景在里肯巴克和海峡岛空军国民警卫队基地拍摄。这部电影的导演沃尔夫冈·彼得森还导演过乔治·克鲁尼／马克·沃尔伯格出演的气候剧《完美风暴》，这部电影部分场景也在海峡岛基地拍摄，有空军飞机、飞行员、地勤人员、伞兵救援人员参与拍摄。

沃尔伯格还参演 1994 年丹尼·德维托的喜剧片《天兵总动员》（有陆军参与）。事实上，奥斯卡获奖电影《阿甘正传》只从陆军部获得有限支持，部分是因为《天兵总动员》和另一部 1994 年喜剧片《金牌天兵》，分别由保利·肖尔和大卫·艾伦·格里尔主演，这两部电影那一年吸引了太多军方关注。格里尔又继续出演了《森林人》（2004 年），参演的还有本杰明·布拉特，他曾参演 1994 年陆军援助的惊悚片《燃眉追击》，出演美国广播公司电视剧《五角大楼精英》——一部自称"把电视剧场景设置在国家最终堡垒五角大楼里"的电视剧——这部剧的制片人和联合创始者肯·罗宾逊曾在真正的五角大楼里工作了 20 年。假如布拉特的军事-娱乐诚意还需要进一步加强，那么值得指出的是在非军事电影《森林人》中，在他身边的不仅仅是格里尔，你猜还有谁？——凯文·贝肯。

事实上，人们可以通过贝肯的许多非军事角色迅速找到与五角大楼的直接联系。例如看一下贝肯那部明显的非军事电影《玩尽杀绝》（1998年），你会发现有电影老兵罗伯特·瓦格纳，他不仅仅出演过海军资助的电影《蛙人海底战》（1951年）、《火烧摩天楼》（1974年）和《中途岛之战》（1976年），还出演过海军陆战队支援的电影《火海浴血战》（1950年）、《星条旗永不落》（1952年）、《爱情与战争》（1958年）、陆军支援的电影《太平洋生死战》（1956年）、空军支援的电影《猎人》（1958年），以及《最长的一天》（1962年），这是一部关于诺曼底登陆日的史诗片，它得到了陆军、海军和海军陆战队的全面支持。

关键是当提到军事–娱乐的联结关系时，贝肯并不特别。正如贝肯/瓦格纳案例所展示的，几乎任何现有的演员——从格温妮丝·帕特洛（出演2008年空军支援电影《钢铁侠》）到年轻女演员达科塔·范宁（和顶尖明星汤姆·克鲁斯一起参演陆军援助的，由史蒂芬·斯皮尔伯格2005年导演的重拍片《世界大战》）——都能通过六度空间理论和军队联系在一起，即使联系的地方并不多。道理很简单。正如《好莱坞行动：五角大楼如何塑造和审查电影》一书的作者大卫·罗博所言：

　　"好莱坞和五角大楼之间有一种共赢的合作。好莱坞制片人得到他们想要的：可以获得价值数十亿的军事装备的使用权——坦克、战斗机、核潜艇、航母——而军方得到他们想要的：正面描绘军队形象的电影或可以帮助军队征兵的电影。"

但是征兵只是等式的一部分，"正面的"这个短语甚至有点温和。在电影中，军队被塑造为英雄的、令人钦佩的、道德正确的形象。通常情况下，它不会做错什么。

在谈到大预算的真人电影《变形金刚》（2007年）时，制片人之一伊恩·布莱斯这样描述这种关系，"没有我们获得的一流的军方支援……这将会是一部完全不同的电影……一旦你获得五角大楼批准，你就已经创造出一种双赢模式。我们愿意和五角大楼合作，以最积极的方式展示军队形象，而五角大楼同样希望为我们提供资源，使我们能够做到这一点"。在军方这边，空军军士长拉里·贝伦谈到援助电影《钢铁侠》的类似动机："我希望人们看完这部电影后，能对空军有好印象，就像他们看完《壮志凌云》对海军印象深刻一样"。但是国防部《钢铁侠》项目负责官员、空军上尉克里斯蒂安·霍奇不加掩饰地说，"空军将变得看上去像摇滚明星"，这或许是最好的表述。

第十二章

一个战争的虚拟世界

　　我气喘吁吁地沿着满是碎石的街道来回走动，紧贴着一幢大楼的外墙，我刚往里面射出了大量的子弹。我看了一眼窗户和阳台，确认没有隐藏的狙击手，然后大声叫喊着让我的火力小组动起来。当我们穿过一扇侧门时，我听到……声音……它不是英语。我发现在墙上有一个断路器，我举起 M-16A4.2333 口径自动步枪瞄准它，给了它一枪。几乎就在同时，屋子变黑了，楼上有个声音开始大喊大叫。这是阿拉伯语吗？他们在这里说了些什么？不管了。我和我的小组成员都戴上了夜视镜，继续前进到楼上，来到了有门的走廊。我听到第一个人身后的脚步声，悄悄地命令我的组员把这个房间拿下。我们聚集在门前，检查好我们的武器，准备破门而入，却突然引起一阵大混乱。我看见阴暗处有个人，于是用 M-16 步枪把他放倒。在我右手边，我的机枪手用他的 M-249 轻机枪干掉了另一个人。我的官方操作手册上介绍这种杀伤力大的武器对敌方的士气可能会是"灾难性的"。那个家伙的士气现在不是他要担心的了。

　　这个房间的敌人都被干掉了，我正要从一具尸体上取走一把 AK-74 自动步枪（AK-47 突击步枪的新型号），此时有一颗子弹从我身边飞过。我用眼角余光发现有枪口闪光，另一颗子弹差点击中我的队友。子弹来自对面街道上的建筑。有狙击手！我躲了起来，试图瞄准他，但是他把自己保护得很好，并增加了开火的频率。"敌人已经锁定了我"，我咆哮着——使用《半条命：针锋相对》或《坏小子》中的军事俚语。然后有更多的敌人从走廊向屋里开火。我猜炸毁他们的大楼、切断电源，以及干掉他们的 伙伴们一定是让他们生气了。我留下组员对付他们，自己安装上单发射击的步枪榴弹发射器，侧身回到窗口，迅速瞄准狙击手，发射出一枚 40mm 榴弹。爆炸声很大，炸掉了对面街上那栋大楼的部分墙体。我等待着、观察着，寂静无声。我肯定击中他了，或者至少把他赶跑了。

　　与此同时，我的小组成员已经迅速干掉了一群坏家伙，他们都死在了走廊地板上。我从一具尸体上拿走 AK-74，从另一具尸体上拿走弹药。在接下来的几个小时里，我带领着团队穿过一条狭窄而密集的完全被炸毁的贝鲁特街道——里面布满混凝土瓦砾、烧毁的车子、报废的装甲车。我们拿出被放置在店面的机枪掩体，用眼镜蛇武装直升机发动空袭（在城市的中心），穿过古老的下水道系统，在市场，被炸毁的书店和旅馆里，和疲劳的民兵、戴头盔的激进分子，偶尔还有叙利亚军队和伊朗特种部队士兵进行交火。突然，我们被告知，一个高价值的目标被定位在我们的区域，即黎巴嫩民兵组织领导人阿克巴·艾尔·苏德。我们追踪他到了一个几乎完全被摧毁的建筑物，并冲了进去，肆意地使用弹药，一个接一个地击倒当地的战士，直到我们接近阿克巴·艾尔·苏德本人，他独自蜷缩在楼上。他的双手在背后紧握着，看上去他愿意被拘留。我走向他，举起我的步枪，在他的头上砸了一下。他瘫倒在地，我的无线电噼啪作响，说我们已经完成了此次行动。也许是肾上腺素的原因，稍后不久，当我们对任务的结果进行评价时，我发现自己用不必要的一击杀了艾尔·苏德——我们被派去寻找的高价值目标。无论如何，这次行动是成功的。

几乎就在同时，一家有线电视新闻网对外宣布了我们取得胜利的消息，但仅仅提到阿克巴·艾尔·苏德不再是引起冲突的"因素"。只有我的团队知道我在战斗结束后杀了那个人。只有他们亲眼看见我用枪托砸他的脑袋。他们也知道，如果我杀掉一个已经投降的敌人，任务就可能被视为失败。但是没有事情发生，没人说起这件事。甚至没有人提起我曾向许多民用建筑发射榴弹，用步枪扫射它们，或用迫击炮攻击它们。无论如何，我没有被关进禁闭室，军方还特意为我播放了激动人心的音乐，向我简单介绍了我们的下一个任务。我依然负责指挥，没有人在乎我的战争罪行。

我确实是一个谋杀犯，一个战争罪犯，一个美国海军陆战队员，至少在数字世界里我是这样的。通过微软公司的 XBOX 游戏《近距离作战：先发制人》（2005 年），我被派往黎巴嫩，正如真实的海军陆战队员在 20 世纪 50 年代和 20 世纪 80 年代受领的任务一样。根据游戏的故事情节，这一数字中东干涉行为始于 2006 年，是美国在"几个叛乱分子集团"接管黎巴嫩首都贝鲁特的部分地区后，决定强制实施其意志的结果——贝鲁特是"最大的、组织最好的、资金最充裕地区，是"由塔里克·哈丹领导的激进的阿塔什运动，他是一个有相当影响力的宗教狂热者"。

我的数字装备，第 28 海军陆战队远征部队（具有特种作战能力），是美国远征入侵力量的一部分，或是如游戏宣传资料所说，它是"美国 911 突击部队"——"在这个星球上最令人畏惧的突击部队"。当你是地球上最令人恐惧的突击部队时，你当然可以想做什么就做什么，想杀谁就杀谁——正如我在虚拟的贝鲁特所做的那样，也正如真正的海军陆战队在全球长期以来所做的那样。（这款游戏的在线背景资料吹嘘说，海军陆战队"不受联合国的交战规则限制，这些规则导致了早期的战败"。）

《近距离作战：先发制人》最值得注意的既不是它的军事主题，也不是它的现实主义，而是它的形成方式。这款游戏代表了一种新兴趋势的典型，它将视频游戏产业（更广泛来说是娱乐产业）和美国军队融合成一种共生关系，让平民玩家沉浸在一个虚拟的战争世界，同时使用最热门的游戏技术来训练士兵。这是一种数字化从摇篮到坟墓概念的创造，在这种概念中，由军方或为军方开发的游戏被用作招兵工具，也被用来对年轻人进行预先训练。然后当他们长大到参军的适宜年龄时，这些孩子发现他们使用类似视频游戏的控制器来驾驶真正的军事车辆，并通过专门设计的视频游戏和已被军方征召入伍的现成的商用游戏来教授战术和战略训练。

20 世纪 90 年代末，轰动一时的电影《哥斯拉》的配乐本来很糟糕，但有一段剪辑却非常出色。歌曲《没有避难所》由美国说唱金属乐队"暴力反抗机器"创作，显而易见它捣毁了电影（"哥斯拉为该死的理论补充了一些话语，让人们不再盯着真正的

杀手看"），又捣毁了被消费主义驱动的军事化好莱坞。"从剧院
到购物中心"，乐队谴责说，"在娱乐和战争之间只有一线之隔"。

到那时，这条线事实上变细了。现在这条线几乎不存在了。
军队现在已经全面占领娱乐产业，比美国在伊拉克的溃败更具有
技巧（对某些占领部分更热情）。让我们看一看《近距离作战：
先发制人》的谱系：最开始是一个训练工具，叫作《先发制人》，
软件是由平民承包商"Destineer studios"为美国海军陆战队研发
的（这是一家为中情局研发训练模拟器的视频游戏研发商和发行
商，在中情局自己的风险资本公司"In-Q-Tel"诞生之前，它已
购买了这个公司的股权）。但是这款游戏不完全是民用商业投机
项目，它是"在超过40多位现役海军陆战队员的指导下创造的，
他们都是刚从中东战争前线回来的……他们和研发团队并肩工
作，把他们在战斗中使用的具体战术放进游戏《先发制人》中"。
这款由平民创造的军事辅助训练工具随后被回收利用到民用的第
一人称射击游戏中，标志"T"被认为是为青少年打造的，在游
戏的包装上印有一名海军陆战队队员，简介上宣称，"此款游戏
是基于一款为了美国海军陆战队研发的训练工具"。

玩所有你能玩的游戏

《近距离作战：先发制人》并不是第一款模糊民用/军事游
戏区分界限的游戏（当然也不会是最后的一款）。2002年陆军推
出了《美国陆军》游戏，一款训练和战斗的游戏——陆军回避了
术语"射手"——视频游戏制作完成可以在网上和征兵站免费获
得。这款游戏是美国西点军校经济与人力资源分析办公室主任卡

西·沃登斯基中校的创意之作。1999 年当他发现陆军已经连续 2 年没有完成征兵目标时，他让手下工作人员寻找鼓励孩子们参军的方法：他冒出来的一个想法就是视频游戏。

正如《美国陆军》网站上所说的，"1999 年 8 月，沃登斯基向高层介绍了他关于'美国陆军'游戏的概念，这是一款将单人冒险和第一人称多人动作类型结合到在线虚拟军队体验中的游戏"。2000 年 1 月，海军研究生院的建模、虚拟环境和仿真研究所被选中以"陆军游戏项目"的名义来"研发游戏"。结果，建模、虚拟环境和仿真研究所的主任迈克尔·兹达与沃登斯基合作，在同一年使建模、虚拟环境和仿真研究所与陆军达成协议，"研发一款最先进的视频游戏……就陆军的任务和职能来教育潜在的新兵，增强征兵机会"。但是建模、虚拟环境和仿真研究所并非独自在创作游戏。研发途中，类似的娱乐和游戏行业中坚分子，例如英佩游戏、英伟达、卢卡斯影业的 THX 部门、杜比实验室、卢卡斯影业天行者音效、HomeLAN、GameSpy Industries 也参与进来。

这款游戏成为陆军一次巨大的成功，它抓住了陆军征兵的潜在目标人群——即年青人以及他们的弟弟妹妹。《美国陆军》通过允许玩家"体验"军队生活来教授军事训练、武器、战术——从屏幕上严格的新兵训练营到向敌军开火。它很快就成为最受欢迎的五款在线视频游戏之一，拥有超过 200 万的注册用户。从那时起，每年都发布大量新版本，根据游戏网站说法，"新的训练或任务需要学习……从而给美国陆军社区提供了一种在真正的现实和虚拟的游戏乐趣之间谨慎的平衡"。到 2007 年为止，陆军拥有"超过 800 万注册玩家体验过《美国陆军》，参与了超过 2.05 亿小时的在线游戏",在全世界创设了超过 1100 个粉丝网站。此外,这款游戏被下载超过 4 000 万次,并连续 5 年都是排名前 10 的网络游戏。

当《美国陆军》发布时,有报道称陆军在这款游戏研发上已经花费了大约 630 万美元。但是据 2005 年国防部监察长的一份报告说,"4 个独立的陆军机构"支付了超过 1900 万美元"来资助加速图形接口的研究和开发"。报告还指出建模、虚拟环境和仿真研究所存在价值数十万美元的不当收费,不能履行它承诺进行的工作,违反了拨款法,既无视旅游法规,又无视保护财产的要求,在招聘中出现裙带关系,"对陆军游戏项目中使其他项目受益的软件许可费要价太高,且对合同劳动成本分配不当"。

尽管关于建模、虚拟环境和仿真研究所不善管理的丑闻几乎全部被媒体忽视了,但一些媒体还是围绕在精心制作的游戏中使用数字暴力为诱惑孩子们当兵提出了许多问题。克里斯托弗·钱伯斯是宾夕法尼亚大学沃顿商学院毕业生,他曾是一名陆军少校,也是《美国陆军》研发部副主任,作为回应,他时而承认、时而否认游戏是一种征兵工具。对那些认为游戏场景中鲜血、暴力和杀戮过多的批评,他坚持认为,"这款游戏的目的是用最小的生命代价实现目标"。他还指出《美国陆军》"不会奖励可恶的行为,它奖励团队合作"。为了强调这一区别,钱伯斯指出,一个玩家要是蓄意杀伤他的军事训练教官就会立刻被抓进牢房。然而只要是用军队的方式,那么杀死一个非美国人士,也是完全可以被接受的。

海军陆战队的《近距离作战:先发制人》和海军制作的《美国陆军》只是军事视频游戏的冰山一角。这些游戏也许伪装成玩具来充当征兵工具,这对参与创作的各方来说都不是秘密。《全光谱战士》中军方扮演的角色已不那么明显了,这是 2004 年由微软公司 XBOX 系统发布的一个战斗模拟器。《全光谱战士》允许游戏玩家扮演陆军轻步兵小队队长,在"塔齐克斯坦"执行任务,这是一个虚构的国家(听起来很像真正的中亚国家塔吉克斯坦,后来更名为更为虚构的"宙斯坦"),对抗一个虚拟的但是典型的布什时代的坏人:穆罕默德·贾布尔·阿法德,他是一名前圣战者游击队领袖。

那么军方到底是怎样参与的呢?答案就在位于加利福尼亚州玛丽安德尔湾的创新技术研究所里,它是在南加州大学系统内的一个中心里。1999 年军方对电子游戏的痴迷程度不断上升,当时的陆军部长路易斯·卡尔德拉与南加州大学签订了一份为期 5 年、价值 4500 万美元的合同来建立创新技术研究所。该中心的网站是这样说的,"建立娱乐行业、军队和学术界之间的合作关系,以创造综合体验为目标,让参与者的反应就好像真实的一样"。

为了实现他们的游戏目标,创新技术研究所组建了一个适合这项任务的团队,其中包括执行理事大卫·韦特海默,他曾是派拉蒙电视集团的执行副总裁(他在那里建立了派拉蒙数字娱乐,该公司的网络技术组);创意总监詹姆斯·科瑞斯(也是南加州大学娱乐技术中心的执行理事)是一名资深电视剧编剧;凯茜·卡迈诺斯曾是五角大楼研究部副主任,在那里她负责监督军队基础研究项目,模拟、训练和仪器指令,以及陆军高性能计算程序。

2003 年创新技术研究所推出了《全方位指挥》,这是一款基于电脑的作战模拟器(模仿一款军事角色扮演的棋盘游戏),它是在军事人员的监管下研发的，这些军事人员是在本宁堡的陆军步兵学校教学的。它们的目的是教授在城市环境下指挥轻型步兵连的基本知识。科瑞斯说，使用这样一款游戏非常有意义，因为"35% ～ 40% 进来的新兵已经是'游戏玩家'"。通过游戏研发商"Pandemic Studios"和游戏发行商"THQ"的共同努力，《全方位指挥》游戏不久催生出民用版《全光谱战士》。

军队的专业知识和现金投入为这个广受好评的游戏赢得了大量的行业奖项，包括在 2003 年享有盛誉的电子娱乐展上的最多提名和两个奖项（"最佳原创游戏"和"最佳模拟游戏"），以及 2004 年成为由《电脑游戏玩家》和《电脑游戏世界》评选出来的排名前 10 的游戏之一。同年，创新技术研究所因为它的视频游戏成功获得了丰厚回报，它和军队又签署了第 2 个为期 5 年的合作协议，比其第一个合同翻了一倍多。事实上，1 亿奖金也是南加州大学收到的最大一笔研究经费。

创新技术研究所是军事游戏中心里的冠军，但它只是军队视频游戏 / 模拟研发拼图中的一块。在创新技术研究所建立的同一年，一个类似的但不太为人所知的新方案"大学 21 计划项目"，由得克萨斯大学、得州农业大学和军队共同发起，主要是为了"支持在得克萨斯胡德堡基地的数字化研究"。据报道，到 2004 年中期，该计划已经完成了 29 个项目。它的主要成果之一是"数字战士训练系统"，包含了先进的游戏技术和先进的教育功能，"用来训练军事战斗队长在军事决策过程中使用数字军队战斗指挥系统"。

2004 年，利用《美国陆军》的成功，以及其他政府机构对类似技术的兴趣，军队还创立了美国陆军政府应用办事处。办公地址位于北卡罗来纳州的卡里，现在被称为虚拟英雄，由"15 人的视频游戏创造团队、模拟专家和退役军人"组成——他们中许多来自"当地视频游戏公司，例如互动魔术（Interactive Magic）、时间线（Timeline）、维迪斯（Vertis）、南峰互动（Southpeak Interactive）、恶性循环软件（Vicious cycle software）和红色风暴娱乐（Red storm Entertainment）"。该办公室主任杰瑞·亨尼汉不仅是"西点军校毕业生，曾连续 13 年担任阿帕奇直升机飞行员"，还是"视频游戏开发商红色风暴娱乐的制作人，该公司最为知名的是汤姆·克兰西品牌的军事模拟（仿真游戏）"。

全方位优势

不过，还是创新技术研究所最引人注目，而且实至名归。除了创造《全方位指挥》和《全光谱战士》外，创新技术研究所还参与了一系列其他军事项目，包括高级领导力培训模拟。创新技术研究所和娱乐巨头派拉蒙影业之间的合作，旨在培训士兵危机管理和领导能力；军队、好莱坞电影制作团队和南加州大学研究人员之间相互合作，通过软件应用程序来"支持美国陆军士兵的领导力发展"，使他们能像指挥官一样思考。平面世界，一个将好莱坞布景设计技术与虚拟现实融合的项目（2007 年它被海军陆战队选中，用于他们位于加利福尼亚州彭德尔顿营的战斗模拟中心，以及弗吉尼亚州匡提科附近的新海军陆战队远征步枪集成设备）。平面世界还结合了射击和效果训练器系统项目，从而创造出"一种沉浸式的、基于位置的交互式应用程序，以便在联合火力呼唤任务中提升受训者的领导能力和决策能力"。

虽然创新技术研究所没有创造训练辅助器材来提高军事杀伤力，但它成功地打进了好莱坞。例如，它的图形学实验已经和好莱坞电影制片人以及视觉特效监制"合作"制作了超级大片《黑客帝国》和《蜘蛛侠2》。信息的传输是双向的。2005年，编剧兼导演约翰·米利厄斯（《现代启示录》《燃眉追击》《赤色黎明》）透露，在创新技术研究所，他和其他好莱坞业内人士参与制作"非常复杂的战争游戏……为了五角大楼，我们仍在做这项工作"。《虎胆龙威》和《魔鬼司令》的电影编剧斯蒂芬·德·索萨、导演约瑟夫·齐托（《浴血战士》《越战先锋》）、导演大卫·芬奇（《搏击俱乐部》《七宗罪》）、斯派克·琼斯（《成为约翰·马尔科维奇》《野兽家园》）和保罗·贝德维奇帮助创造出《黑客帝国》中子弹时间的特效；大卫·艾耶尔与人合写了《反恐特警组》和《速度与激情》的剧本。这些只是他的好莱坞同胞们将他们的才华借给创新技术研究所的一部分。就像蛋糕上的糖霜一样，创新技术研究所甚至请来了《星际迷航》布景设计师赫尔曼·齐默尔曼来帮助打造其未来主义的工作空间。

作为其使命的一部分，创新技术研究所招募到一些好莱坞最具创造力的人才，来为军队设计未来武器、车辆、装备和制服。例如产品设计师罗恩·科布（《星球大战》《异形》《全面回忆》）将他的创意技能贡献给一个设计未来军队超级战士的项目——"未来军队战士"。"未来军队战士"不同于军队曾派去战场的其他士兵，它像任何复杂的武器系统一样，是从基础部分开始被建造的。这个概念依赖于建构一种由武器、装甲、军事伪装和电子设备组成的集成系统，它可以监控士兵的生命体征和外部环境。你可以把它看作是朝着好莱坞长期以来的科幻梦想——一个完全实现的机械战士又进了一步——一个综合的人/机战斗系统。军方说，它将会把男人或女人变为一支"战无不胜团队中的强大战士"。由于它的好莱坞根源，"未来军队战士"至少看起来会像这个角色。

2003年6月，通用动力公司获得了价值1亿美元的合同，要完成"未来军队战士"项目的"初步和详细设计"。当时，玩具制造商孩之宝（以它的特种部队动作人物闻名）也接收到"未来军队战士"概念的规格说明书。为什么是孩之宝？也许是因为军方意识到全世界孩子的玩具才是天马行空的思想该瞄准的地方。又或许是因为军方仿照孩之宝非常受欢迎的超级压力水枪，曾设计了新的高射速的攻击性武器。

这种类型的互动联系也许会让人很困惑——但是我们仅仅触及了表面。例如，海军的陆军游戏项目在2002年被转化为陆军的免费电脑征兵工具《美国陆军》，然后又被改造成特勤局和海军的训练模拟器。2005年它又被改造，结合了来自激光射击、务实的解决方案和僵尸工作室的视频游戏技术，用来创造未来战士训练师（FST）——这是一个便携式系统，它"有助于提供逼真的训练"，还能生成数据被征兵者获取和分析，从而更好地了解和识别成功新兵所携带的特征信息，并遏制人员流失的趋势。

在征兵站，以及各种面向潜在未来士兵的活动中，"军队未来战士"设置了逼真的武器，用来吸引孩子们，也用来"测试新兵在基本的步枪射击中的表现"。这种类型的技术现在以"虚拟军队经验"的形式出现在类似飞行表演的场合。它被《圣彼得堡时报》称为是"部分视频游戏，部分主题公园，部分征兵工具"，它允许"平民体验在伊拉克街道上的战斗"——把他们放进悍马模型中，面对电影银幕，"孩子和他们的父母弯腰开着假机枪，炸掉叛乱分子"。

多亏了游戏大鳄育碧公司，2005 年《美国陆军》也转变为一款适合家庭游戏系统的民用视频游戏，像微软的"XBOX"和索尼的"Playstation2"一样。育碧的第一款美国陆军游戏名为《士兵的崛起》，售价 40 美元，它让游戏玩家从"真正的现役特种部队特工那里学习如何成为枪手或狙击手，而这些特工也会咨询游戏设计师"。与此同时，在 2006 年 9 月，《美国陆军》推出它的第 22 个可免费下载更新的电脑游戏——《美国陆军：特种部队》，即"劲敌"。除了允许游戏玩家使用早期版本中没有出现过的杀伤力大的武器，例如"标枪"导弹外，"劲敌"也标志着该系列一种新的高度写实主义的开始。这款游戏的"美国陆军真实英雄项目"创造了 8 个美国陆军士兵的数字化身，这些士兵曾在伊拉克或阿富汗服役期间幸存下来。这 8 个从美国最近的有害职业中

"一个年轻人尝试虚拟的军队体验。"陆军说。照片由 J.D. 莱波尔德拍摄。感谢美国陆军。

特别挑选出来的"英雄"，不会被数字化地派回去执行另一项任务。相反，他们将会在游戏中的"互动虚拟征兵中心"被找到。

而这并不是英雄出现的唯一地方。一款 6 英寸高的"军方授权"的新玩偶将在"主要零售店"上架。这些 21 世纪的特种部队，由玩具制造商"Radioactive Clown"公司生产，零售价为 10 ～ 13 美元，目标人群是服役年龄段的《美国陆军》玩家。

此外，2007 年《美国陆军》又推出了一款基于手机的视频游戏，以及一款独立的投币式街机游戏。后者标志着美国陆军与投币游戏制造商"GLOBAL VR"建立了"独特的伙伴关系"，也是为了"与美国年轻人建立新的交流渠道"。有了美国陆军事务专家的参与，以及美国陆军各单位的全力合作支持，GLOBAL VR 不加掩饰地说，这款《美国陆军》的投币游戏是为了"让玩家沉浸在陆军文化中而设计的"。

让我们来回顾一下：《美国陆军》从一款免费电脑视频游戏，变为一个军事训练模拟器，变为一个征兵测试设备，再变为一个商业家庭视频游戏，变为一系列动作玩偶、一款手机游戏、一款投币式街机视频游戏——一系列转变，代表着当今军事-娱乐复合体具有不断变换形态的性质。

时间隧道：游戏回到了未来

美军用视频游戏的形式开展"把战争带回家"的长期活动，可以追溯到至少 1929 年，当时爱德华·林克在他父亲的钢琴工厂地下室，用风琴风箱创造出第一台飞行模拟器。当游乐园拒绝使用他的机器时，林克拿着他的发明去找美军。1931 年，海军购买了一台。陆军也跟着买了一台，1934 年也开始使用它作为训练装备。从那时起，美军就迷上了模拟仿真。（它仍着迷于林克的公司——林克模拟和训练——现在是军事企业集团 L3 通信公司的一个部门，2006 年它从美国国防部获得 51 亿美元。）

据报道，"二战"期间林克的公司生产了大约 1 万部"蓝箱"飞行训练器——大约每 45 分钟生产 1 个。超过 50 万的飞行员在战争中使用了这个机器。与此同时，军方也逐渐了解到，模拟器技术除了教人们飞行还能干更多事情，它们可以教人们杀人。沃勒射击训练师就这样诞生了，它是由派拉蒙影业公司前任特效总监弗雷德·沃勒根据海军的合同研发出的设备（在 20 世纪 50 年代他将沃勒射击训练师技术应用到宽屏全景电影格式）。这款原型虚拟现实模拟器允许部队在一个巨大的凹电影屏幕上，用电子枪射击，它发出的声音和震动都像真的一样，屏幕上投射的是模拟的目标（敌机飞行的影片）。不久军方发现 1 小时模拟训练可以有效地代替 3~10 小时真实的实弹射击训练。第二次世界大战后关于射击模拟器有效性的研究继续进行，到 1953 年朝鲜战争结束时，美国每年在各种类型的训练设备上已花费 5 000 万美元。

1951 年，国防部承包商洛拉电子（今天洛克希德·马丁公司的一部分）的一名工程师拉尔夫·贝尔，负责"海军雷达系统的电脑部件"，他想出了家庭视频游戏这个主意，把它称为"基于电视的互动娱乐"。1958 年，在美国能源部的核试验室之一的布鲁克海文国家实验室，威廉·辛吉勃森创造了第一款视频游戏原型——"双人网球"——不像后来的《乒乓球》，光点在实验室的一块示波器的屏幕上来回击打。

1962 年史蒂夫·罗素是麻省理工学院人工智能实验室的一名

年轻电脑程序员，实验室属于机器辅助识别项目的一部分（由美国国防部高级研究计划局资助）。罗素创造了一款有宇宙飞船的简单射击游戏《太空大战》，它在一个 17 平方英尺的 PDP-1 "微型计算机"上运行，该计算机带有一个基本的显示器。机器辅助识别项目配备了许多玩游戏的程序员（他们管自己叫黑客）。据技术作家霍华德·莱茵戈德说，"这个项目是 20 世纪 70 年代人工智能天才和 80 年代软件设计师最重要的会聚之地"。《太空大战》很快通过电脑实验室传遍了美国。艾德·霍尔特在《从孙子兵法到 XBOX》对"战争和视频游戏"的分析中，指出到 1963 年，斯坦福大学的计算机研究部门已经觉得有必要禁止在上班时间玩游戏。

虽然军事学术实验室是视频游戏的先驱，但类似的革命也发生在军事电子公司桑德斯联合公司的设备中（该公司如今是国防部承包商巨头毕益辉有限公司的一部分，毕益辉 2006 年从国防部获得 47 亿美元）。拉尔夫·贝尔离开洛拉尔去桑德斯工作后，写了一篇关于互动家庭视频游戏系统的详细报告。有桑德斯提供的支持和两个助手的帮助，1969 年，贝尔创造出为第一个家庭游戏系统设计的硬件。他的发明作为《奥德赛》最终授权给了米罗华公司。到 1972 年它被兜售给公众，那时更大的投币机在以全美国的酒吧、机场和购物中心为基础的视频游戏厅中变得越来越普遍。

几乎同时，军队也开始把军事模拟器呈现给大众。在 1968 年越战最激烈的时候，军队在芝加哥的科学与工业博物馆设立了一个武器仿真展。在那里，游客可以用电子方式发射反坦克武器，或是用 M-16 测试他们的技能。《洛杉矶时报》写道，最令人

难以接受的是一个贝尔 UH-1D "休伊"直升机模拟器，它能让
"游客用电子机枪向模拟的越南家庭开火"，当他们击中目标时有
灯光闪烁。虽然抗议活动最终导致军队展览的关闭，但空军仍在
继续计划举办类似的展览，它将允许参观者"参与模拟 B-52 轰
炸机执行任务"。

　　现在模拟器的进展是沿着军用和民用并行的轨道进行的。
1971 年，诺兰·布什内尔第一次在犹他大学的一个计算机实验室
里玩太空战，他设计了属于自己版本的游戏，并将其授权给一家
投币游戏制造商。游戏失败了，但第 2 年，他创立了自己的公司
雅达利，并推出一款更简单的游戏《Pong》，这是一款影响力巨
大的街机游戏。不久，雅达利成为最大的投币游戏开发商。1974
年，雅达利推出家用乒乓游戏时，全美有近 10 万款投币游戏。
1977 年，家用游戏机"雅达利 2600"面世。米罗华公司的奥德
赛游戏机使用晶体管和二极管，只允许用最基本的图形，而"雅
达利 2600"是一个 8 位的游戏系统，使用可互换的墨盒，代表了
游戏中的量子跃进。雅达利在接下来的 5 年里通过一系列电子游
戏赚了 50 亿美元，其中包括以军事为主题的战斗、海空战争和
战争地带。

　　随着新的民用游戏技术超越了奥德赛系统，拉尔夫·贝尔又
重新回到军事领域，将一款基于电视的游戏改造成了一个多面武
器应对模拟器。与此同时，美国国防部开始投资几何引擎，这是
一项计算机图形技术，后来被应用于家庭游戏系统，比如"任天
堂 64"。

　　在 20 世纪 70 年代末和 80 年代初，军方开始认真使用电子
游戏。1977 年，埃德·哈尔特写道，"美国陆军装甲学校的程序

员修改了一种叫作"黑豹柏拉图"的坦克模拟器，使其成为一种不为人知的坦克枪手训练系统原型"。据报道，"黑豹柏拉图"启发了雅利达的《战争地带》，这是一款极简主义的 3D 坦克模拟器，于 1980 年发布，它给玩家提供了第一人称视角——从坦克里往外看，而不是从坦克上往下看。

军队立即看到了《战争地带》的可能性，并在其发行的那一年，其训练和条令司令部与雅达利公司接洽，希望创造一款军事版的《战争地带》作为训练工具。虽然这款游戏的设计师最初不愿与军方合作，但对于雅达利的高管来说，军方资金的诱惑以及可能带来的丰厚游戏收入显然是难以拒绝的。在雅达利的命令与训练和条令司令部的赞助下，设计师把游戏改成了精锐的陆军战争地带，它使用了真实的弹道、以当时的苏联坦克和直升机为模型的敌方车辆，以及设计的真实控制器，根据视频游戏专家劳伦·冈萨雷斯说，这是模仿"布莱德利步兵战车的控制装置"。

军队甚至开始谈论"委托商业公司专门为他们制作游戏"的话题，而雅达利的研发主管则表示，技术转让是双向的：他说，该公司正在研究一种高科技头盔，就像"军用直升机枪手使用的那种头盔，它能追踪枪手的眼球，并将武器对准枪手正在看的地方"（雅达利创建的这个系统实际上可以追踪前额的运动，但它会导致头痛，因此从未发布过）。

到 1982 年，街机游戏和家庭电子游戏每年的总收入估计为70 亿美元。同年，《纽约时报》报道，军方正在"试图决定谁能最好地控制他们不断发展的电子武器"，毫不奇怪，自从"一些专家引用的初步测试表明，具有良好心理运动技能的飞行员在电子游戏方面也做得很好"之后，视频游戏玩家就出现在军方的脑海中。《纽约时报》还警告称："目前还没有人考虑将'吃豆人'作为一种征兵手段。"这并不完全正确。

1981年，弗吉尼亚州尤斯蒂斯堡陆军训练支持中心的一名军官宣称："如果一个孩子一开始就能在这些游戏中得到10万分，他难道不是那种手眼协调的年轻人吗？这种手眼协调能力能让他成为一名出色的枪手。"答案显然是响亮的"是"！

第二年，美国空军征兵处负责人温菲尔德·斯科特·哈珀准将指出，"所有购买电子游戏的孩子"都是他的目标受众："今天玩电子游戏的孩子将成为明天的飞行员。"同年，海军的高级征兵人员透露了她的秘密：跟踪街机游戏，付钱为潜在的士兵提供免费游戏。"我们玩完游戏后，"她说，"我会开始问他们高中毕业后的计划……然后我指出海军是一个高度电子化的组织。我知道他们会喜欢的，因为他们喜欢游戏。"1983年，军队总司令罗纳德·里根在华特·迪士尼未来派的未来世界发表讲话，当他把军方电脑化的驾驶舱比作让美国年轻人着迷的电子游戏屏幕时，效果更是锦上添花。"看着一个12岁的孩子在玩《太空侵略者》游戏时采取规避动作，并命中多个目标，"他大声说，"你会欣赏到未来飞行员的技巧"。

到20世纪80年代初，随着IBM和麦克唐纳·道格拉斯等军事-企业巨头在该领域占据主导地位，实际飞行员使用的军用模拟器变得更加复杂和昂贵。这些大型的高科技单机（例如Link的53吨B-52轰炸机模拟器）通常比它们设计用来模仿的武器系统（比如价值3 500万美元的飞机模拟器模仿的是价值1 800万美元的飞机）的成本要高得多，而且仍然只训练人员执行特定任务，比如在航空母舰的甲板上着陆。美国国防高级研究计划局要求空军飞行训练研究科学家杰克·索普上尉对这种情况进行评估。1978 年，索普提出模拟器应该注重集体训练。因此，数十个甚至数百个模拟器将需要联网在一起——而此时空军几乎无法连接两个模拟器。国防高级研究计划局批准了索普的长期计划，利用视频游戏和娱乐产业技术创建模拟器网络项目。1982 年，美国国防部的一份目录列出了"363 款战争游戏、仿真、演习和模型"的清单，于是索普组建了一个包括工业和计算机图形设计师在内的团队，为集体训练演习创建了坦克模拟器网络。该系统的各个部分于 1987 年开始进入测试阶段，不久之后，国防高级研究计划局的模拟器网络项目使美国军方能够利用"在欧洲和美国的同一个虚拟战场上，驾驶模拟飞机和地面作战车辆的大约 300 名玩家"进行战争游戏。

　　游戏在军队其他地方的应用也在继续。1990 年，美国陆军后备役军官训练队的征兵活动开始向"2.5 万名即将上大学的高中生"邮寄带有视频游戏和互动测试的软盘，以挽救不断下降的服兵役人数。同年，模拟器网络项目完全投入使用，为即将参加第一次海湾战争的美国军队提供了一个虚拟的训练环境。1990 年夏天，当军方开始一种被称为"内部观察"的模拟演习，数字化地模拟演练即将到来的战争时，计算机战争游戏的另一个里程碑就被开启了。美国前中央司令部司令 H. 诺曼·施瓦茨科普夫将军在他的回忆录中写道，在美国中央司令部：

　　　　我们在 1990 年 7 月下旬进行了"内部观察"演习，建立了一个模拟总部，给它配备了电脑和通信设备……随着演习的进行，伊拉克真实世界的地面和空中部队的行动与游戏中想象的场景惊人地相似……游戏开始时，信息中心还发布了关于真实中东的常规情报简报。这些关于伊拉克的报道与游戏的报道非常相似，以至于信息中心不得不在这些虚构的报道上加上一个显著的免责声明："仅供演习。"

但"内部观察"并不是一帆风顺的。萨达姆·侯赛因入侵科威特的那一天（据称他使用美国制造的模拟器进行了军事演习），迈克尔·马其顿被派往中央司令部，研究其崩溃的计算机系统。据说迈克尔·马其顿的父亲是最早一批"将电脑战争游戏引入五角大楼"的人，他本人自20世纪80年代以来一直在"试验电脑战争游戏"，并已成为美国军方一个电子战中心的信息系统经理。最终，整个中央司令部的游戏中心都被送往沙特阿拉伯，在那里，战争期间，作为战争游戏一部分而制定的计划被用于实际的军事行动。

海湾战争期间，美国观众被科技武器在夜视摄影的绿色辉光下变得毫无血色的画面和精心挑选的（完全没有代表性的）视频图像所吸引，这些图像由五角大楼提供给令人窒息的电视网络，其中包括"智能"武器打击目标的画面。在这种氛围下，《海湾电视战争》的作者道格拉斯·凯尔纳将这场战争称为"高科技网络奇观"也没啥奇怪的，它将"电视观众带入一个新的网络空间，一个许多观众通过视频和电脑游戏熟悉的体验领域"……炸弹落在伊拉克平民身上，摧毁他们的家园和社会基础设施，这一事实也被像任天堂一样的现代战争烟火视频画面所掩盖"。

大约在美国F-15战斗机飞行员从空中屠杀伊拉克人的同

时，在美国国内的美国人也在做着某种程度同样的事情。在向电脑游戏玩家销售了 100 多万份游戏副本之后，MicroProse 软件公司开始将其 F-15 攻击鹰作为一款投币式街机游戏出售。报纸上的一篇文章这样描述这款游戏："只需 50 美分的初始投资，你就可以驾驶轰炸巴格达的飞机。"（其中一款 F-15 攻击鹰街机游戏甚至被空运到沙特阿拉伯，供美军人员在休息期间玩。）据报道，F-15 攻击鹰不仅是民用的"实战飞行模拟器版本"，而且 MicroProse 的总裁约翰·W."怀尔德·比尔"·斯托尼既是一名空军学院毕业生，也是一名退役的美国空军中校，他之前的工作是"为参谋长联席会议提供建议"。

就在海湾战争进入地面作战阶段的几天后，在"东 73 战役"中，美国装甲车与规模大得多的伊拉克坦克部队展开了对抗。使用模拟器网络系统进行训练的美国军队击溃了伊拉克人。几天之内，军方就开始将实际的战斗转化为数字模拟，以供模拟器网络使用。军方还与 150 名参加此战役的老兵进行了深入的汇报会议。然后国防高级研究计划局的人员和老兵们一起上了战场，在老兵们带领他们走过每一段冲突的过程中，他们测量坦克履带和烧毁的伊拉克车辆。此外，无线电通信、卫星照片和来自美国坦克的"黑匣子"被用来收集更多的细节。在实际战斗发生 9 个月后，"东 73 战役"的虚拟数字化再现视频首次为高级军事人员播放。这是索普努力创造的一个网络系统的高潮，该系统将允许军队使用结合精确历史数据的新技术为未来的战争进行训练。

1993 年末，随着海湾战争胜利的光环逐渐退去，id 软件推出了电子游戏《毁灭战士》。游戏玩家很快就开始修改这款超暴力、超流行的第一人称射击游戏的共享软件副本，这促使 id 在明年发布编辑软件。定制《毁灭战士》的能力引起了海军陆战队建模和仿真管理办公室成员的注意，他们曾被海军陆战队指挥官查尔斯·克鲁克指派利用"基于个人电脑的战争游戏"帮助海军陆战队"发展决策技能，尤其是在实战训练时间和机会有限的情况下"。

按照克鲁克的指示，海军陆战队的建模团队摒弃了《毁灭战士》中的幻想武器和迷宫般的场景，并在 3 个月的时间里开发了《毁灭战士——海军陆战队战士》，这是一款只包含真实海军陆战队武器和真实环境的游戏。克鲁克喜欢他所看到的，并在 1997年批准了这款游戏。"这并不意味着要取代战场时间。它永远不会"，项目干事斯科特·巴尼特中尉说，"但是你可以用这个工具做更多的事情。有趣的因素非常重要。这就是为什么我们的海军陆战队想要使用它。但它确实是一种训练工具。你可以做任务推演、任务规划"。

《毁灭战士》只是军队游戏库中的一种游戏。海军陆战队也在玩诸如 Harpoon2、tigers on The Prowl、Operation Crusader、Patriot 和另一款 id 公司的第一人称射击游戏《雷神之锤》等游戏，同时也在举办《毁灭战士》的世界锦标赛。他们还与 Good Times Interactive 签订了后续游戏：Battlesight Zero 用他们的"投入和战斗经验"换取了 100 万美元的游戏投资。但海军陆战队的目标更大。

早在 1990 年，模拟器网络最初项目团队的 2 名成员沃伦·卡茨和约翰·莫里森就创建了 MÄK 技术公司，研发"连接、模拟和可视化虚拟世界的软件"。1997 年美国海军陆战队与 MÄK 公司签署了一项协议。海军陆战队不再满足于只使用现成的软件，而是派 MÄK 公司创建"第一个由国防部和娱乐行业联合资助和共同开发的视频游戏"。根据卡茨的说法，被称为 MEU-31（一个精英海军远征部队）的这款游戏，代表了"国防部的一次重要进步，因为他们认识到从游戏设计过程开始就与商业视频游戏发行商合作的好处"。这将导致这款游戏比以往任何此类游戏都更加真实，商业成功的可能性非常大，同时它也为国防部提供了一种军事训练设备的超量销售的成本效益"。

在与海军陆战队签署协议的那一年，MÄK（它的其他客户包括 ITT Industries、波音、洛克希德·马丁和雷神等国防工业的中坚力量）与僵尸工作室联合发布了 M1A2"艾布拉姆斯"战斗坦克模拟器 Spearhead——僵尸工作室由马克朗（曾在通用动力公司联合武器系统工程实验室工作的退休美国陆军军官）和乔安娜·亚历山大（曾担任五角大楼一个委员会的副主席，就技术转让和虚拟现实问题向军方官员提供咨询）领导。不久之后，陆军与 MÄK 签订合同，将创建 Spearhead II，这是一个旨在训练坦克乘员和指挥官的战术决策模拟器网络的模拟器。同时，海军开始使用《688（Ⅰ）深海猎鲨：潜艇》模拟游戏。谈到游戏行业和军队之间的这种合作时，卡茨准确地预言说，"在未来几年，我们将会看到越来越多这样的合作。这将成为一个大趋势"。

很快，陆军游戏项目便开始在《美国陆军》游戏中运作，创新技术研究所正在开发它的《全光谱战士》模拟器，2001 年国防部修改了由游戏开发商育碧软件开发的汤姆·克兰西的《彩虹6号：正义之矛》：旨在训练军事人员如何在城市地形中进行小规模军事行动。接下来，就出现了目前持续不断的军事游戏／模拟循环，商业视频游戏被用作军事训练辅助工具，军事模拟器被以各种奇怪和混乱的方式重新设计成民用游戏赚钱机器。

例如，在 2005 年，随着电子游戏产业发展到每年 250 亿美元的规模，一个由国防部联合高级分布式学习合作实验室和国防高级研究计划局资助创建、开发和设计的网站报告说，美国军方正在使用至少 55 款电子游戏和模拟器。这份名单包括了像威尔互动公司（Will Interactive）的反恐部队保护等定制培训项目；用军事费用制作的像《美国陆军》这样的现成商业游戏，例如微软模拟飞行（海军使用）、Breakaway Games 公司的伯罗奔尼撒战争（国防大学使用的战略游戏）、动视公司的《命运战士》、美国艺电公司的《荣誉勋章》（这两款游戏都是海军陆战队在他们的步兵认知技能实验室使用的），以及科乐美的《空军三角洲风暴》、暴雪娱乐公司的《星际争霸》，这款游戏，玩家在已知空间边缘参与"3 个不同物种之间的星系冲突"（这两款游戏均由空军使用）。

同一年，对平民来说，你可以在个人电脑上免费玩海军设计的《美国陆军》游戏，或者在微软 Xbox 系统上玩付费游戏版本，甚至可以使用你的个人电脑参加 Goarmy.com 网站上的特别小组挑战。同样，你也可以用你的家用电脑下载国民警卫队的《守卫力量》，"这是一款使用现代军事装备和部队的实时战略游戏……在白雪覆盖的山区和茂密的丛林里执行秘密袭击、镇压叛乱和救援任务"。你可以在你的电脑上运行海军的《美国海军操演训练：且战且寻》游戏，或者让自己沉浸在由海军特种作战司令部援助开发的游戏《海豹突击队：火线小组 2》中，又或是海军为你的索尼 PlayStation 2 系统提供了"技术支持"的游戏《海豹突击队：火线小组 3》。在空军招兵中心，你可以"驾驶"美国空军的 F-22

猛禽战斗机、捕食者无人机，或者 C-17 "环球霸王 3" 运输机。在空军国民警卫队的网站上有 3 种可能性：空中加油、空中作战，或伞降任务。如果你还不满足于此，那么好消息是，海军陆战队模拟器转化的电子游戏《近距离作战：先发制人》刚刚在 Xbox 和电脑平台发售。美国情报机构并不羞于与玩具、娱乐和视频游戏行业建立自己的联系。近年来，创新技术研究所与中央情报局合作开发了一款游戏，帮助中央情报局 "分析师像恐怖分子一样思考"。美国中央情报局发言人马克·曼斯菲尔德解释说："为了打破思维惯性，我们正在接触学术界、智库和在反恐斗争中发挥关键作用的外部研究机构。"

前往创新技术研究所总部的中央情报局反恐官员被安排进行好莱坞电影制片厂的贵宾之旅。2003 年中央情报局让詹妮弗·加纳在其招聘视频中担任主角，而加纳当时在美国广播公司广受欢迎的中央情报局题材电视剧《双面女间谍》中饰演一名特工。美国中央情报局与娱乐行业的联络员蔡斯·布兰登说："如果詹妮弗决定不戴墨镜当名流，她可以戴上墨镜当间谍。她已如愿以偿。"与此同时，在电影《超胆侠》中与加纳合作的迈克尔·克拉克·邓肯，为索尼 PlayStation 游戏机上的海军援助的游戏《海豹突击队：火线突击 2》配音。同年，《双面女间谍》被 Acclaim Entertainment 改编成一款配上加纳声音的电子游戏。这家娱乐公司在海湾战争期间向派往中东的美军捐赠了 "1 万个掌上电子游戏机"。

与《海豹突击队：火线出击 2》和《双面女间谍》一起出现的另一款游戏是库玛战争，它是由库玛现实游戏公司与美国军方合作开发的。这款游戏被宣传为第一款商业射击游戏，玩家可以在游戏中重现真实的军事任务——每一次战斗都由电视画面和有线电视新闻主播介绍——同时也为玩家提供了"视频新闻节目"和"从世界各地的新闻来源收集的大量情报"。就像复合体里任何一个良好实体一样,库玛公司通过五角大楼的雇佣旋转门与军方联系在一起:一位退休的海军陆战队少将是其公司高级顾问之一。事实上,库玛公司拥有一个由退伍军人顾问组成的董事会,"他们的工作是确保(他们)执行的任务尽可能真实"。到2007年中期,库马已经发布了83个"任务",从萨达姆·侯赛因的儿子被杀——"乌代和库赛之死"(任务1),到2004年5月22日美国军队和伊拉克神职人员穆克塔达·萨德尔的马赫迪军队之间的"萨德尔城之战"(任务16),以及由于美国在伊拉克的失败,而"(重访)萨德尔城"(任务78)。

如果《库玛战争》的网站可信的话,那么它不仅在平民玩家中拥有一群铁杆粉丝,而且在士兵中也拥有一群铁杆粉丝。一位参加过伊拉克战争的老兵在库玛的主页上承认:"这个游戏确实让我回想起那场战争……但这并不一定是坏事。因为我将回到伊拉克进行第3次访问,所以我想说,坐在桌子后面用我的电脑战斗要比实际上互相打斗好得多。"

当然,这类游戏日益被视为对士兵开展训练的一种手段。2006年,国防建模和仿真办公室前主任,以及《毁灭战士:海军陆战队》的共同创造者大卫·巴特利特,告诉《华盛顿邮报》:"游戏技术促进了战争艺术的革命。"文章中引用一位伊拉克战争老兵的话表示,电子游戏是他能够用0.50口径机关枪向"人类敌人"射击的关键。作为《全光谱战士》和《光晕2》电子游戏的爱好者,他宣称:"这种感觉就像在玩一款大型电子游戏。我甚至没有因为火力还击而感到不安。这只是一种本能。轰隆！轰隆！轰隆！轰隆！……我不敢相信我看到了这个。就像游戏《光晕》里一样。它甚至看起来都不像是真的，但它的确是真的。"

"当他开枪的时候，"巴特利特说，"他已经准备好了。并且有能力做到这一点。他在那之前通过实地训练和玩《光晕》等游戏积累的经验，使他能够执行此项任务。他的形势意识提高了。他知道他必须做什么。他以前做过——或者在那之前做过类似的事情。"匡蒂科海军陆战队基地技术部主任斯科特萨顿中校也同意这种说法，他断言，使用第一人称射击游戏培训的士兵"可能会感到不那么拘束，在他们最原始的状态下，把武器指向某个人"，并指出，电子游戏培训"为我们的工作提供了更好的基础"。

然而，电子游戏与军方的关系远不止于此。游戏《机械装置》允许士兵在接受最少训练的情况下操作其他军事"玩具"。例如，Dragon Runner 就是一个很好的例子。这款外形类似汽车的小型遥控车，被用于在建筑物内行驶，并为在外面等候的海军陆战队巡逻兵收集情报。Dragon Runner 是由美国海军研究实验室和卡内基梅隆大学机器人研究所的研究人员与美国海军陆战队作战实验室合作开发，它由一个六按钮键盘引导，模仿索尼的 PlayStation2（PS2）视频游戏控制器。加入作战实验室项目的海军陆战队员格雷格·海因斯少校说，之所以选择它，是因为"这些十八九岁的海军陆战队员几乎一辈子都在玩这个游戏，（所以）他们将在几分钟内学会（如何驾驶 Dragon Runner）"。另一名海军陆战队员对角斗士战术无人地面车辆的原型（一辆 4 英尺高、1600 磅重的"遥控半自动汽车"）也有类似的体验，他指出，他只花 5 分钟就学会了如何操作这种车辆。"这就像一个电子游戏。你有一个操纵杆，你可以让它向前、向后、向右或向左行驶。"根据迈克尔·马其顿的说法，当士兵们被问及他们想用什么来控制导弹时，他们选择了 PS2 控制器。因此，它确实成为首选的模型设备。陆军的 iRobot 的战术移动背包机器人也由"看起来像 PlayStation 游戏机上的手持视频游戏控制器"引导。一位使用机器人的士兵自豪地告诉美联社，"我的家人认为玩那些电子游戏是浪费时间。我终于证明他们错了"。

陆军无人机的项目经理约翰·伯克上校指出，青少年士兵能够在 8 小时内学会发射和驾驶陆军无人机，因为这些控制装置看起来"非常像 PlayStation 的控制器"。2005 年，《连线》杂志的军事技术专家诺亚·沙赫曼描述了一位 19 岁的陆军无人机操作员，指出他"从小就为这份工作做准备：他玩很多电子游戏。回到兵营后，他利用休息时间玩 Xbox 和 PlayStation。当第一次溜到阴影无人机的控制装置后面时，他发现点击操作的工作原理基本相同"。美国空军甚至采用"战争即游戏 / 武器即玩具"的方式招兵，网站上的一项功能显示，一名身穿迷彩服的年轻飞行员站在一架无人机前，下方的图像说明操作无人机等同于玩无线电控制的玩具飞机。

为了训练目的，军方还重新设计了一款最成功的民用玩具。《美国陆军》的技术现在已经被重新设计，用来训练士兵（也许和最初游戏招募的是同一个人）使用远程控制的鹰爪机器人在伊拉克和阿富汗作战。此外，虚拟英雄和僵尸工作室合作重新设计了《美国陆军》，用来教士兵们在执行类似于在伊拉克任务时的"护卫技能"，包括"贵宾的运输、接送或下车，以及试图到达检查站移交他们的车辆"。

在民用游戏方面，从 2007 年开始，《美国陆军》也理所当然地成为陆军游戏锦标赛的特色游戏之一——为 17 岁及以上的铁杆游戏玩家举办的锦标赛，有超过 20 万美元的现金和奖品可供争夺。然而，这里有一个陷阱。要想在《美国陆军》《光晕 2》《使命召唤 3》、汤姆·克兰西的《彩虹 6 号：维加斯》或极端暴力的《战争机器》等 12 款军事游戏的任意一款中获得战利品，玩家必须得到军方征兵人员的许可。同年，美国陆军与全球游戏联盟（一个在线游戏社区）签署了一项 200 万美元的协议，以此来吸引每月访问该网站的 920 万玩家（其中 80% 是 17~24 岁的男性）。

今天，军队、玩具和游戏世界完全纠缠在一起，未来的前景只能是更多的相互渗透和复杂的合作，这可能会让德怀特·艾森豪威尔头晕目眩。随着国防开支每年在 5550 亿美元左右徘徊（实际上国家安全开支接近 1 万亿美元）；美国玩具业的年销售额达到 220 亿美元，视频游戏软件和硬件在美国的年销售额超过 125 亿美元，电脑游戏在美国的年销售额超过 10 亿美元；全是志愿兵的军队过度扩张，国外发生了多场不受欢迎的战争，全球反恐战争如火如荼，大众对流行文化军事化也没有强烈抗议——谁知道未来会发生什么？

当然，不久的将来，大多数潜在的美国士兵将会在玩商业电子游戏中长大，这些游戏是由军方制作的，作为训练模拟器使用；他们中至少部分将通过电子游戏被征兵；入伍后他们将在先进的电子游戏系统上被测试；他们通过模拟器被安排培训，而这些模拟器后来将被转换成视频游戏，或者是用那些征兵时的游戏或他们小时候玩的游戏的重新配置版本来对他们进行培训；他们将被教授如何使用类似商业电子游戏控制器的装置来驾驶车辆；然后，在现实生活中打了一整天的实战游戏后，他们回到住处休息一下，玩那些由他们自己部队或其他军队部门开发或赞助的最新的 PlayStation 或 Xbox 游戏。

越来越多的玩具正在成为秘密的战斗教学工具，越来越多的模拟器注定会成为明天的玩具。那么身处其中的美国孩子和年轻人会怎么样呢？在五角大楼的监视下，由电子游戏巨头生产的一套炫目的军事训练设备现在正降落在他们的客厅和个人电脑上，他们会受到怎样的影响？毕竟，这些游戏提供的不只是简单的军事灌输，更近乎一种沉浸于虚拟战争世界的体验，在那里，武装冲突不是最后的手段，而是第一个手段——实际上也是唯一的手段。

第十三章

五角大楼的推销活动

最晚自 20 世纪 70 年代起，五角大楼就把推销活动拓展到了赛车场上。汽车拉力赛赛场上最顶级的车手之一唐·斯内克·普鲁德霍姆参赛的车辆被涂成了红、白、蓝三色，车的侧面还涂有"美国陆军"的字样。在不参赛时，普鲁德霍姆会代表陆军拜访高中学校，并向对参军感兴趣的学生赠送自己的签名照。海军陆战队对此类活动也很积极，他们支付了大笔资金，把自己的征兵口号喷涂在参加国际汽联比赛的车辆上；海军的投入相对较少，他们只能在广告商捐助的广告旁边张贴广告。

在那段时间，军队的想法是引起年轻人的注意，从而吸引他们做出参军的决定。今天，五角大楼在这方面的投入更大。如果你去汽车拉力赛赛场看看，就会看到由托尼·萨奇·舒梅切尔驾驶着黄黑相间，喷涂着"美国陆军顶级燃油拉力赛车"字样的汽车在赛道上飞驰，舒梅切尔曾获得国家高速汽车协会 2004、2005、2006 和 2007 赛季燃油车组的冠军。

据《政府行政》杂志介绍，舒梅切尔是陆军"荣誉士官"，他自 2000 年起就开始从五角大楼领取薪水。舒梅切尔对自己的角色直言不讳，他曾向网络杂志 Gelf 明确表示：我就是一名招兵人员。每个礼拜，身穿陆军军装的招兵人员都会给囊中羞涩的年轻人赠票，吸引他们前去观看陆军的参赛车辆并聆听他们偶像的说教。在那里，舒梅切尔会向年轻人们灌输理念，即参军是一项收入颇丰的职业，他希望借此成功地吸引年轻人进入部队——即便在惨烈的战争时期也是如此。

舒梅切尔并不是孤军奋战。陆军赛车队成员还包括安吉尔·萨姆佩和安东·布朗，萨姆佩和布朗都是摩托车拉力赛车手。比赛中，他们会骑着带有陆军标志的铃木摩托车在赛道上飞驰。

陆军赛车队最广为人知的活动就是参加全国汽车比赛协会组织的"NEXTEL"杯赛。全国汽车比赛协会与美国军方颇有渊源，自比尔·弗朗斯建立该协会后，双方就开始了密切的合作。但直到 2000 年起，五角大楼才开始针对赛会的观众开展推介活动。除陆军外，海军、空军、海军陆战队也都在协会中配有自己的车队。除此之外，陆军国民警卫队 / 陆军后备队、海军陆战队后备队、空军国民警卫队 / 空军后备队在协会中也都有自己的赛车。2004 年，五角大楼花费了大笔资金面向该协会 850 万名 18 ～ 24 岁的粉丝做广告。据报道，受广告影响而参军的人非常多，仅陆军就达到了 3 万人。2005 年，军方光是在赞助各类赛车活动中投入的资金就达 380 万美元。

除了将喜欢赛车运动的白人作为招兵对象之外，五角大楼还将征兵活动瞄准了少数族裔。

参加 2005 年全国汽车竞赛协会比赛的陆军"雪佛兰"牌汽车和海军"道奇"牌汽车。(照片由美国陆军提供)

　　在一次针对城市居民的征兵活动中，陆军使用了悬挂着西班牙文标语"我就是陆军"的悍马 H2。尽管在伊拉克战争中悍马 H2 根本挡不住武装分子的路边炸弹袭击，但在美国国内的宣传中，装有皮质内饰和 CD/DVD 机的悍马 H2 却在国内 15 个电视频道上做着推介活动。

　　带有西班牙文"我就是陆军"标语的悍马车以及配套的一系列设备实质上是圣迭戈拉丁裔体育和娱乐推广公司为陆军进行的一次征兵活动。该公司声称，自己是针对拉丁裔群体开展推介活动的专门组织，涉及的领域包括体育、娱乐、管理、体验推广和咨询等。

拉丁裔体育和娱乐推广公司肩负着在全国范围内向潜在的拉丁裔应征者开展推介活动的任务。该公司仅用了一年时间，就成功地协调陆军现役和预备役部队进入 16 个大学的校园开展推介活动，并在 40 场美式橄榄球比赛的赛场搭建起了推介点，（陆军还在拉丁裔族群的其他活动中开展了推介活动。例如，到 2007 年时陆军已经连续 3 年在"热带音乐节"上赞助相关活动并建立招兵点。该音乐节是拉丁裔族群在纽约市布朗克斯区举行的系列音乐活动）使用宣传车是该公司的主要推介手段之一。该公司表示：他们使用两辆经过装饰的车辆赴全国多地的闹市区开展广告活动，并且参加各地的车展、西语裔族群节日、音乐会以及体育赛事等，借此把各类观众吸引到陆军的宣传点。

该公司表示：其推广行程高达十几万英里，覆盖了全美超过 25 个中心城市，把陆军形象展现在了数百个重要活动当中；此举将招募成本降低了 29%，将征兵效率提高了 31%。一位高中生曾在校报评论（该评论后被《洛杉矶时报》转载）中写道：陆军的宣传车被打扮得很吸人眼球，它们停在我们的宿舍外面，还一直放着流行音乐。而在球场之外，陆军推介人员穿着军装向比赛观众介绍：只要签个名就可以获得一件写着拉丁语"我就是陆军"的 T 恤衫。

除了上述活动之外，陆军还动用了一整个车队的 SUV 前往大学校园以及年轻人喜欢的其他运动场所开展宣传活动。

与此同时，海军陆战队也动用了自己的宣传车辆——名为"增强型市场推广车辆"的宣传车频繁出现在大学橄榄球赛场边。海军陆战队还把宣传车停在其他人流密集场所，在那里，海军陆战队使用宣传车、充气人偶、音响和游戏设备等共同吸引年轻人来到宣传点，在那里，4 名海军陆战队教官会向他们进一步介绍相关情况。

空军在开展推介活动方面也是不甘落后。2002 年底，空军拥有了自己的宣传车 Yukon XL。空军按其 F-22 战机的名称，将该车命名为"猛禽"SUV。该车被喷涂成蓝、白、灰三色，车身上绘有空军图标，安装有背光设备、皮质内饰，配有娱乐设备，包括 42 吋电视、DVD 播放机、高档音响以及索尼 PS2 游戏机。空军投入了 31 辆此型 SUV，搭配载有 6 部飞行模拟器和一架 F-22 战机模型的拖车，共同组队开展宣传推广活动。上述宣传车队前往全国各地活动，在各地的市场、航展和极限运动赛场上（如"山露"巡回赛等）吸引年轻人的注意力。2005 年，空军还在宣传车队中加入了一辆特制的摩托车，以争取更好的招兵效果。这辆摩托车长 10 英尺，造型模仿 F-22"猛禽"战机，安装有能够产生 150 马力的发动机，侧面喷涂着空军标志，后视镜也被做成了飞机的形状，甚至还带有炮弹形状的装饰。

军方派引人注目的宣传车辆参加车展等娱乐展览活动，其目的就是吸引更多人的注意。据《迈阿密新时代报》的塞莱斯特·德尔加多和大卫·赫尔托斯报道，在 2003 年于迈阿密海滩举行的冬季音乐会上，陆军派出了一队穿着盛装的少女向人们分发仿制的军人身份牌作为纪念品。这些少女均是模特公司的职员，他们受雇为陆军服务。举例而言，一位陆军雇用的模特表示：她的公司安排她和另外 6~8 位女子，身着印有陆军标志的黑色 T 恤衫，参加一场为招兵而举行的活动。在活动中，她的任务就是把人们吸引过来，并引导人们参观展览，向人们介绍如何操作各种参展的视频游戏，登记人们的信息以便未来联系，并操作机器为人们制作带有其姓名的仿军人身份牌。

数十万年轻人参加过此类展览，以欣赏各类名车和美丽的车模。2006年6月—2007年3月，陆军参加了13次盛大的进口车之夜展览会，而陆军国民警卫队赞助了2006年的20场进口车之夜展览会，并已签约赞助2007年的21场展览会。

进口车之夜只是军方频繁参加的汽车展会之一。在2004年，印有拉丁语"我就是陆军"的悍马车还参加了在拉斯维加斯举行的低底盘汽车超级展览，这也暗示着军方开始重视这项曾经只以加利福尼亚为中心的改装车展览。在歌手西比特的音乐电视作品《伴我上路》取得成功，低底盘汽车成为索尼PS2游戏内容之后，军方决定将低底盘汽车运动的爱好者作为推广活动的对象，并赞助了《低底盘汽车》杂志举办的15城巡回赛。

作家朱利安·谢波德认为：美国陆军深度介入传统的拉丁汽车文化（这种文化原先由美国的墨西哥裔移民引领），其目的就是使用低底盘汽车和低底盘汽车文化以吸引和招募拉丁裔美国人参军。美国陆军还将非洲裔美国青年作为征兵的特定目标人群。作为"走上街头"行动（其创始者正是一家非洲裔美国人开办的公关公司）的一部分，陆军派遣其悍马车队参加了一系列活动，其中包括美国全国有色人种协会举行的活动以及在学校、商场甚至全国范围内开展的活动，如密苏里黑人博览会、黑人娱乐电视台的春季嘻哈音乐节等。据五角大楼介绍，军方使用模拟器、搭建的石墙、喷涂有"独一无二的陆军"标语的悍马车等设施来吸引非洲裔美国高中生、大学生以及工人的注意力，悍马车的车尾还安装有一个标准篮筐。

2007 年，陆军以共同赞助方的身份主办并派出乐队参加了"精华音乐节"，该音乐节的主旨就是纪念源自非洲的美国音乐和文化。另据《克莱恩纽约商业周刊》报道，2007 年陆军甚至开始给其悍马车配备说唱音乐碟片和其他相关物品，当这些车辆放着音乐在街头行驶时，给人的感觉就像是在庆祝说唱音乐节一般。

显而易见，五角大楼基于汽车主题的推介活动是有效的，至少他们成功地吸引了部分改装车、低底盘汽车以及全国汽车比赛协会各项赛事的爱好者考虑参军。当然，作为军人，他们只能开貌不惊人、未经改装的车辆——但这不包括战士们在伊拉克使用的加装有保护钢板的悍马汽车。

第五部分

复合体与招募活动

2007 年 6 月，陆军不声不响地停播了一条电视广告，此前有人投诉称：该广告与陆军部队真实的训练情况完全不同，是赤裸裸的欺骗行为。这条广告中称，陆军提供的培训能够让士兵们在退役后成为药剂师。但国家医药协会前任主席大卫·沃克对此予以否认，他指出，陆军方面并不能向士兵们提供为期 6 年的医药学校培训，而这一培训是获取药剂师资格所必需的。沃克还表示，陆军对此心知肚明，但陆军仍然故意采取欺骗手段，目的就是吸引年轻人报名参军。而成为药剂师就可以拿到 6 位数的薪水，这对任何年轻人都极具诱惑力。

沃克的说法完全属实。光鲜的广告、大笔金钱的诱惑、各种谎言已经成为军方征兵的重要手段。为了能发挥功能并发动战争，复合体需要有足够的人手，复合体正在采取各种手段消除障碍——从利用网络社交平台、创建类似企业招工的职业指导网站，到招收自闭症患者、精神病人甚至是犯罪人员加入部队。就目前而言，唯一的问题就是，军方还能做出什么惊人的举动。

第十四章

独一无二的陆军

随着美国军队陷入本应早已结束的伊拉克战争的泥淖，军队征兵变得十分困难，但你无法在互联网上看到真实情况。在网络上，参军仍然是一个能够让你放飞梦想且不会给你带来危险的职业选择；数字世界里依然充斥着各类征兵网站，静静地等待着好奇的年轻人（或是被他们惹怒的父母）点开它们。

除了把征兵年龄上限提高到 42 岁之外，军方也不再拒绝招募瘾君子、酒鬼、体弱者甚至是孕妇。连有犯罪记录的人也有权参军，军方还提高了入伍奖金的数额，他们付出数万美元的资金来吸引手头拮据的人加入"全志愿部队"。不过，屡试不爽的办法还是瞄准十多岁的年轻人开展招募活动。

为了实现这一目标，五角大楼与青少年研究无限公司（TRU）等机构建立了联系。2001—2006 年，五角大楼向 TRU 公司支付了 72 万余美元，要求该公司研究各种吸引年轻人的方式。除此之外，五角大楼还通过联合广告市场调研计划（JAMRS）、穆伦广告公司及其子公司比诺市场调查公司，共同创立了美国最大的 16~25 岁青年人数据库，该数据库内包含约 3000 万条数据。该数据库的重要组成部分之一就是联合广告市场调研计划所属的"高中生档案数据"，这一数据每年更新 5 次，其列表囊括了国内约 90% 的高中学生信息，内容包括姓名、出生年月、住址、社会保险号、电子邮件地址、种族、电话号码、平均分、研究专长以及其他数据等。该数据库使五角大楼拥有了精确挑选招募对象的可能。

除此之外，五角大楼还有另外一种收集年轻人信息的方式——军事网站。近几年来，这种方式的影响不断提升；军事网站不仅吸引了年轻的潜在招募对象，而且发挥了多媒体互动交流平台的作用，军方则可借此收集有关潜在招募对象的信息。正如海军一个网站的介绍所言，海军在此收集的信息和聊天记录将被用于招募潜在对象进入海军现役和预备役部队。

我们一直期待你的加盟

在当今时代，多媒体网站最能吸引青少年的注意力。空军的官方网站之一"Airforce.com"上有这样一条标语："我们一直期待你的加盟。"标语下方是互动性强、五彩缤纷的网站内容，其中包括一张穿着全套飞行服的飞行员坐在飞机驾驶舱中，转头看向另一架造型优美的战机的照片。照片附言上写着："以前我在公园闲逛，现在我却能翱翔蓝天。"所有这些内容的设计初衷就是为了吸引年轻人的注意。

如果年轻人使用谷歌搜索引擎（国防部 2006 年合作伙伴）搜

索"空军"，他们会找到另外一个吸引年轻人的网站：美国空军负责的"DoSomethingAmazing.com"，该网站的风格也是走"酷炫"路线。进入网站后，人们会立即被同时播放的 8 段小视频吸引住，其内容包括空军安全分队的军犬扑倒不法分子、炸弹剧烈爆炸、F-22"猛禽"战机、伞兵从飞机中跃出、飞行表演队进行表演等。网站的目的就是让人看到前所未见的场景，让空军的作战技巧和强大火力给人留下深刻印象。网站上还有一个链接，通过这个链接人们可以访问另一个主打"酷炫"风格的空军网站。

登录这个网站后，你会发现其首页上全是美国空军屏保和桌面的下载链接。在这个网站上，年轻人可以了解特种作战部队，学到有关高科技武器装备的知识，看到空军最新的电视广告——其中有一则广告就是由极限滑雪、超音速轰炸机等镜头组成的，配乐则是令人心潮激荡的摇滚乐。网站上还有"联系我们"的链接，通过这个链接，你可以用电子邮件与空军方面联系。值得注意的是，你的联系对象将是一名"顾问"，而不是空军的招兵官员。如果你已急不可待，你也可以登录网站并与所谓的"顾问"（实际上就是招兵官员）实时交流。

海　军

在争取美国年轻人方面，海军做得要比空军更好，他们制作了一个互动式网站，年轻人可以在这个网站上参加模拟招募。在他们的互动式版块"关于你"上，你可以浏览很多图片，并挑选出一张最能代表你的图片。我就选了一张人们一起打排球的照片，而没有选择一个人在跑步机上锻炼的照片，同时点击了一张穿夹克、扎喷绘图案领带的男子照片，而没有点击一个买电影票的男子照片。海军网站对我的上述行为的反馈是，"你有团队精神，你愿意付出一切，你愿意开动脑筋，你愿意读没有插图的书，你喜欢冒险和改变。你喜欢滑雪，喜欢滑旱冰，喜欢骑山地车，你对极限运动上瘾，你喜欢过自己的生活"。

随后我又尝试了颇具海军特色的游戏《生命加速器 2.0》，这款游戏能够推测出你对 6 类技能和兴趣的好恶。当我表示我喜欢写短篇小说，不喜欢修理古董家具，想要当一名记者之后，海军以表格的形式给出了对我的潜质的反馈，鼓励我"多与家人和朋友分享"或者"与军方征兵官员联系"。最后，海军互动式征兵官员还给了我一个机会去决定"想在服完 12~18 个月的兵役后成为什么"，甚至是"能够在 4~6 年后取得什么成就"。

根据海军的反馈，短期来看，我将前往参加"军事职务培训"，可能会携带全套装具从 12 英尺高的跳台上一跃而下，可能会接受小型武器培训。我可能会在攻击型核潜艇上学习和训练，或者驾驶一架 F/A-18"超级大黄蜂"战机，但与上述活动相比，我在周末或假日从事的活动更能让我开心，这些活动包括校园体育活动，搭乘军用飞机、潜水、深海钓鱼等。海军甚至向我推荐了一款名为《演练：打击与撤离》的游戏，以帮助我提升愉悦感。

海军还为年龄较小的人们安排了更为有趣的内容。这些内容明显是为了向人们提供有关海洋科学的信息，例如，"海王之页"就是一个包含大量卡通内容的网站，这个网站的目标人群就是小学生和中学生。然而，创建这个网站的海军气象与海洋科学司令部的主责并不是进行科学研究，他们的职责是通过运用海洋科学技术，为作战提供非对称的优势。可想而知，该网站能够向年轻人灌输一种并不是特别微妙的思想：今天的高科技海军队伍聚焦的是明天的技术，而你们就是明天的一部分。

海军陆战队

海军人员招募网站主要向人们展示了军旅生涯令人愉悦的一面，其中包括钓鱼和冲浪等，海军陆战队的网站则采取了完全不同的做法。正如其他军方网站所展现的那样，有证据表明，在军事推介活动中，极限运动更有益于人员的招募，因此攀岩活动会频繁出现在广告当中。但是，海军陆战队却在他们的网站上将自豪感当作主打牌，而这种做法对急于取得成就的年轻男子而言可谓正中下怀。对这些荷尔蒙充沛的年轻男子而言，挂满了肌肉男和重武器照片的海军陆战队网站最能体现男子汉的雄风。

> 海军陆战队是击碎敌人门窗的铁棒；
> 海军陆战队不管是单兵还是团队都能发挥决定性作用；
> 我们是勇士，生而为战，我们的勇猛无人能及；
> 我们将成为敌人真正的噩梦。

事实上，连海军陆战队带有数字式伪装效果的制服都是特制的，它能够使各类敌人发自心底地感到恐惧。如果成为"令人胆寒的杀手"还不够诱惑的话，海军陆战队网站还有最后一种"秘密武器"——小饰物。首次向该网站索要相关资料的人都能够免费获得海军陆战队赠送的"陆战队特制钥匙链"。

给你带来快乐的陆军

海军陆战队的网站推崇杀戮，海军的网站强调美好生活，空军的网站让人们觉得服役就像是一场游戏，陆军的网站则拥有上述所有特点。

陆军拥有多个面向年轻人的网站和网页。其中一个网站名为"HOOAH 4 Kids"，这个网站上有很多游戏，包括一款可使用存储卡的游戏（游戏时更便于"伪装"），以及一本可供打印的电子版彩绘书。

有科学头脑的年轻人在登录这个网站时可能会链接到一个名为"eCYBERMISSION"的网址，这是一个进行科学、数学和技术比赛的网址，其服务对象是6—9年级学生，网站让孩子们有机会竞争地区或全国的排名，还可以赢得数千美元的储蓄券奖励。你从网站的名字上看不到其有任何军方背景（网站的网址中没有 .mil 后缀），但如果你点击网站的赞助方链接，你会看到美国陆军是赞助方之一。网站的宣传语写道：美国陆军需要你和你的朋友，请接受"eCYBERMISSION"的挑战吧。这样说是有原因的。陆军否认从该网站获得任何利益，只是表示该网站有利于年轻人学习科学、数学和技术知识，该网站的收入都会用于年轻人发展，网站是为了发挥在线指导和在线专家的作用，他们就像使者一样进入校园，推动学生们开展竞争，并向优胜者颁发奖励。

陆军是最大的一个军种，这就不难理解陆军参与了几乎所有推介活动以招募他们想要的所有人。陆军网站"GoArmy.com"的内容丰富，包含大量对年轻人颇具吸引力的其他陆军网站链接，其中包括陆军骑牛队网站、陆军赞助的高中全明星橄榄球赛链接、陆军射击组织（该组织常驻高中并教授学生们气枪射击技术，以换取学生提供姓名、社会保险号码等个人信息）、陆军赞助的橄榄球比赛、金骑士跳伞队、市区道路巡演活动、全国汽车比赛协会赛事、陆军全国改装车协会拉力赛、自行车赛以及陆军组织的超级车展等。

毫无疑问，该网站也设有方便年轻人与陆军开展互动交流的版块，其中就有点击鼠标申请批量信息、通过电子邮件提问、进入聊天室与征兵官员交流、向征兵官员询问如何报名参军等功能。但是，该网站最为有力的招募工具就是一个通往陆军电子游戏网站的链接。

显而易见，电子游戏和其官方主页都是重要的征兵工具，但这还远不能让陆军满意。陆军在其网站上这样写道：

> 游戏的设计目的是向年轻人和影响他们的人提供一个观察新兵训练、班组训练和陆军作战行动的虚拟视角，让他们感受到陆军究竟是什么样的……从这个意义上讲，游戏的设计目的就是用虚拟体验取代道听途说。游戏借助浸入式体验来实现上述目标，这种做法借助了年轻人普遍使用互联网来查询信息和开展交流的特点，也利用了年轻人喜欢在游戏中享乐和探索的事实。

美国陆军项目部副主任克里斯托弗·钱伯斯在表态时也是遮遮掩掩：陆军启动这个项目就是为了把玩家与美国联系起来。我们视这些游戏为一个信息收集过程的第一步，而不是征兵的一种工具。

但是，如果没有在征兵方面发挥作用，人们就很难理解为何陆军投入 1900 万美元制作这些游戏，又每年投入 500 万美元来维护这些游戏。事实上，即便有些游戏不是为征兵而设计的，这也不会淡化军队为征兵而付出的巨大努力。例如，网站"AmericasArmy.com"上就有转向"GoArmy.com"网站的链接，这个网站上还提供"如何与陆军招兵官员建立联系"的建议。该网站明确指出，在游戏中，你就会发现，

> 有多个网页链接可以把你带到"独一无二的陆军"网站。在"GoArmy.com"网站上，你既可以探索陆军生涯的各种机遇，也可以与征兵官员联系；想要获得反馈并已把游戏情况转告征兵官员的玩家，可以拿自己的游戏记录与在真实世界中的成就相比较，这样就有助于确定军队当中哪个岗位更适合你。

这个方法效果不错。尽管我们无法确定有多少人因为玩这些游戏而进入了军队，公关研究公司"一对一"在 2004 年的研究结果显示，美国陆军在向年轻人灌输军旅生涯概念方面比其他军种的表现要优异许多。据钱伯斯称：美国陆军的推介活动取得了巨大成功，有 29% 的美国年轻人不仅认可美国陆军，而且声称美国陆军的游戏是他们了解军队的主要途径。钱伯斯还指出，这给我们的启示就是，游戏作为一种工具对年轻人获取有关军队的信息是多么重要。

（军事）文化与联合广告市场调研计划

虽然军事网站依然有着梦幻般的表现，但 BeNow、TRU 等私营承包商仍然继续着与联合广告市场调研计划的合作，以借此招募各级别的人员。联合广告市场调研计划曾公开表示，其目的只是制订公共计划，帮助人们更好地从职业选择的视角看待入伍服役一事。然而，该计划也吸纳了其他一些公司，这些公司主要开展非公共消费类研究，目的是提高各军种征兵和留任工作的效率。换句话说，事实上，军方正在非常认真地研究是什么原因导致公众越来越抗拒参军入伍。我们无法了解此项研究的部分内容，原因是联合广告市场调研计划网站的登录设有限制。如果你试图登陆，网站就会跳出"这部分内容只对特定客户开放"的对话框——显然你不是"特定客户"。

我们所知道的就是，联合广告市场调研计划重点关注以下领域，以便为全志愿部队的发展服务：

· **阻碍拉丁裔族群入役的因素**。该计划包含一个具体项目，内容就是"找到拉丁裔年轻人入役人数不多的原因"，并"研拟未来提升拉丁裔年轻人入役人数的战略"。
· **大学生辍学／肄业问题研究**。该项目的内容是"研究导致大学生辍学的原因"，并"研究军队如何能够充分发挥这部分年轻人（年龄 18 ～ 24 周岁）的作用"。
· **母亲态度研究**。该项目的内容是"弄清目标人群（270 位 10—11 年级学生的母亲）对军队和参军入伍的看法"。

值得注意的是，五角大楼正在研究如何影响年轻人的母亲，从而使她们愿意把自己的子女送上战场——联合广告市场调研计划研究发现，即使是对军队抱有好感的母亲，也并不都愿意把自己的子女送进部队。联合广告市场调研计划在研究中还发现了可以对不同类型的母亲都产生积极影响的信息。研究还发现：如果能够通过顾问、老师或教练游说这些母亲，就可能为征兵工作带来更大便利。

军方还在积极研究如何招募辍学人员入伍。在征兵官员的工作手册中，大学校园被称作征兵的巨大潜在市场，原因就是有大量的学生会中途辍学。征兵手册中还写道：招募的重点是一年级新生，因为新生的辍学率最高。新生缺乏明确的方向，也缺乏足够的金钱，这导致他们无法完全得到自己想要的教育。

可能这就是在2006年第一学期开始前和结束后，大量招兵官员和娱乐圈星探出现在大学校园中的原因。涉及的大学包括得克萨斯基督教大学、路易斯威尔大学、乔治城大学、南达科他大学、伊利诺伊大学、宾夕法尼亚州立大学、奥斯丁皮埃大学和俄亥俄州立大学（上述所有大学在2006年都收到了来自五角大楼的资金）。征兵官员参与的活动还包括"冠军体育"返校欢迎活动和"首要地位"返校欢迎活动（两场欢迎活动都在佛罗里达州奥兰多举行），以及在佐治亚州亚特兰大举行的返校欢迎活动等。

联合广告市场调研计划进行的最为隐秘的研究项目就是2004年进行的"道义豁免"项目，该项目的实施目的就是弄清招募对象入役前的行为对入役后产生的影响。联合广告市场调研计划对该项目没有进行详细介绍，有关该项目的内容在网站上也被添加了密码保护，这就说明，所谓"道义豁免"应该就是指涉嫌犯罪的人员也可以报名入伍。

有趣的是，2006 年 2 月，《巴尔的摩太阳报》报道称，军队招募的人员中有严重犯罪经历的人员数量大幅上升。所谓"严重犯罪经历"就包括严重人身侵犯、抢劫、车辆犯罪、销赃、发布恐怖威胁等。2004—2005 年，此类被招募人员的数量增加了54% 以上，而涉酒和涉毒的被招募人员增加了 13%（此前已经连续 4 年呈下降趋势）。2006 年 6 月，《芝加哥太阳时报》报道称：根据专家表述和记录显示，为了完成征兵任务，军队已经在吸收更多犯有轻罪的人员参军入伍。根据军方自己的数据显示，自2001 年以来，军队招募的犯有轻罪或有健康问题的人员数量已经增长了一倍以上。

未来趋势令人震惊

联合广告市场调研计划与合作伙伴穆伦广告公司共同开展了一系列市场交流、规划和战略倡议的研究。穆伦公司的工作之一就是设立了听上去与军方并无关系的"MyFuture.com"网站，该网站内容的主题包括独立生活、撰写附函和找工作等。网站上甚至还有如何穿着的主题（"多花点时间在穿着上让你看起来更像是成功人士"）。该网站提供的内容似乎都是对平民生活的小建议（虽然其中偶尔会有军队照片）。你在登录该网站时可以利用其"工作兴趣问答"专栏，看看你是应该去上大学还是应该去找份工作。不过，这个网站自然还有另一个功能，那就是引导年轻人参军入伍。举例而言，如果你使用上述问答功能，网站会鼓励你去征求学校顾问的意见，看看是否还需要参加"ASVAB"相关项目，以更多了解有关你的学术能力、价值观和兴趣等信息。虽然网站上没有详细的说明，但"ASVAB"的实际含义是"军队职业能力测试"，该测试产生于越南战争期间，美国之友服役委员会称该测试为"美国军队的入职和岗位测试"。事实上，尽管军队职业能力测试网站上声称该测试可以将个人学术能力与其预期的职业成就联系起来，但军方的一份手册中还是写道：该测试的目的就是给征兵官员预先提供一些工作的线索。

当我参加该测试时，得到的反馈是，根据你对所列题目的答复情况，你所适合的工作类型是"调研类和艺术类"。根据我的调研能力水平，"MyFuture.com"网站为我提供了8条社会就业建议（包括兽医、气象工作者等）和8条部队就业建议（包括执法人员、安全专家等）。根据我的艺术水平，该网站建议我参与有创新性和自主性的活动，并提出军队中有8种工作允许我发挥想象力并施展才华。网站还提出，有自由思想的艺术家最适合做的就是加入一个基于服从和威权的机构——这么说难道是建议我当一个美食评论家吗？

明天的军队和今天的现实

穆伦广告公司设立的另一个网站针对的是不同的人群。"TodaysMilitary.com"网站宣称，他们的工作目的就是向家长和其他成年人介绍今天的军队能够给年轻人带来的机遇和利益。按照联合广告市场调研计划的说法，这就意味着该网站是一个将"有影响力的人群"作为对象的网站。

"TodaysMilitary.com"网站上有大量入役人员能够享受到的

经济利益的信息，以及大量介绍军队生活的网页；该网站还发布了大量"军队将懵懂的年轻人打造成世界上最强大的作战力量"的消息。按这个网站的说法，军事基础训练绝不仅仅是做做俯卧撑、集体去食堂就餐这么简单。与此相反，军事训练绝不是对身体的摧残，而是"为期9周的自我发现之旅"。网站上的网页还告诉我们，在空闲时间，服役人员可以"随意散步，甚至可以去采购古玩"（这些古玩可能就是伊拉克失踪文物的一部分）。

"TodaysMilitary.com"网站还用一些篇幅来"辟谣"，这些"谣言"包括服役人员并不能像私营领域工作人员那样拿到补偿。根据该网站的说法：以2005年的服役人员为例，他们拿到的补偿比在伊拉克的雇佣兵拿到的补偿还多——但是千万不要把这个消息告诉那些心怀不满的海军陆战队队员。据一位曾经在战区以私营安保人员身份工作的退役海军陆战队队员透露，曾有一名海军陆战队队员将他打翻在地，用膝盖压着他的背，另一名海军陆战队队员说道："现在知道拿合同承包商的钱不容易了吧！"在伊拉克工作的私营安保人员通常每年能挣10万~20万美元。在同一年，由于受到来自国会的压力，五角大楼也宣布将提高驻战区军人的待遇。但五角大楼最终提高的是抚恤金。

与从天而降的勇士英勇作战……

在上述网站上，你不大有机会看到"死亡""危险"等令人不快的词汇。举例而言，在"TodaysMilitary.com"网站上，与上述词汇相关的内容出现在一个"引导家长去鼓励孩子将参军入伍作为职业选择"的网页上。该网页提到，孩子们可能的反应之一就是"参军很危险",对此家长可以做出如下的答复:"毫无疑问,军人这个职业不是人人都适合的,但是,你们年轻人可能不知道,超过 80% 的军事工作都是在非作战条件下完成的。军旅生涯成功与否要靠你自己的奋斗。"试试把这些话告诉已故下士霍莉·查莱特和她带领的非作战部队吧。2005 年夏,霍莉带领的海军陆战队民事任务分队在费卢杰遭遇自杀式汽车炸弹袭击,造成 16 人伤亡,此外还有成千上万的执行非作战任务的军人在伊拉克遭遇险情。正如"美国之音"在一篇报道中提到的,作战任务与非作战任务的区别正在日益模糊,尤其是在伊拉克这样的地方,这类地方没有前线与后方之分,任何分队在任何时候都有可能陷入战斗。

进攻能力

在 2005 年,陆军招兵司令部司令迈克尔·罗齐尔少将曾经指出:对我们而言,最重要的就是与 14~17 岁的年轻人建立联系。我们希望每个高中的校长都能给我们提供学生的电话号码、家庭住址等信息。这对我们的工作而言极为重要。但《国家》杂志编辑卡特里娜·范登·休维尔曾写道:一些家长并不愿意那么做。伊拉克所发生的一切使征兵成为一项非常困难的工作,征兵官员的数量不断减少,原因就是完成每月任务额的难度越来越大,而且家长们对军方的抵制也日益严重——这些家长并不支持总统发动伊拉克战争。

军队面临的窘境让我们再次回想到军队职业能力测试的主题及越南战争时期的一些做法。面对扩大军队规模的压力,国防部长麦克纳马拉将"消除贫困"的战争与越南战争联系到了一起，即所谓的"10 万计划"。按照该计划，军方将每年接收 10 万名未能通过能力测试的人参军。这些人并未满足从军的最低智力要求，麦克纳马拉称这些人为"智力贫瘠者"。军方将负责为这些人提供教育和培训，以便这些人在退役之后能够有一技之长。但是，这些人（军队内部称他们为"麦克纳马拉的呆子部队"）并未学到回归社会后所需要的一技之长，而是受训执行他们本无力执行的作战任务，然后就被派往越南战场，最终导致美军的任务死亡率提升了一倍。今天，五角大楼又在准备招募军队职业能力测试得分最低的人员，这些人在几年前的征兵工作中是肯定要被淘汰的。

征兵的正确选择

从陆军招兵司令部 2004 年 9 月发布的《学校征兵工作手册》中，我们还可以看到其他一些问题。军方编写这本手册的目的就是让征兵官员更好地去做年轻人的工作，尤其是针对学校做工作。根据手册的描述，征兵官员必须要让学校的管理者相信"他们懂得学生们最喜欢做什么"。为了实现这一目标，手册建议征兵官员采用最古老的方法——"拍马屁"。手册提供的建议包括：

· 永远不要忘了问一问学校管理者他们需要什么帮助。

· 能够为学校提供帮助，成为学校的一部分，让学校需要你。

· 与教练、图书馆工作人员、管理人员和老师建立联系。将你的交往范围扩大到其他教职人员，这有助于你获得与学生交往的更多信息。

手册还建议招兵官员积极参与学校的体育活动，与教练建立联系。其他的手段还包括行贿——通过各类小礼品来实现自己的目标。

你的目的就是建立尽量多的小圈子。不能忘记学校的管理人员，要和他们建立并维持关系，可以给他们送一些小礼品（笔、日历、茶杯、甜点等），节假日不要忘记给他们送卡片和鲜花。

每月给教职员工送一次甜点和咖啡。这将有助于你安排课堂讲授活动。

在征兵工作中，军方甚至建议将儿童列为对象。虽然手册中承认，部分学生，如学生会主席或橄榄球队队长，可能不会报名参军，但这些人可以给你提供愿意报名参军者的情况。为了实现这一目的，手册建议征兵官员在学生当中找到有影响力的人，对这些人开展游说，甚至向他们赠送礼物来换取他们的支持。

显而易见，五角大楼认为美国的年轻人（以及他们的老师和家长）可能无法通过最基本的智力测试，并且认为他们可以用一些便宜的小礼物收买。军方的网站上淡化了参军可能带来的危险，只是强调军旅生涯的冒险性和英雄主义，但这些弱化血腥的宣传同伊拉克传回美国国内的消息并不一致。复合体不惜通过各种方式来维持自己的运转，上述事实只是例证之一。

第十五章

"MySpace"网站军事化

年轻人的时光可能并不好过，它充斥着困扰、尴尬和焦虑。这可能就是13~30周岁的人喜欢在"MySpace"等网络平台上交友的原因。"MySpace"在其宣传材料中声称，这个网站是一个在线社区，能够让你认识你朋友的朋友。在这个网站上，每名用户都可以创建一个有自己特色的主页，可以向主页上传照片（从最好的角度拍摄并经过最仔细的修整），可以全时段地发布自己的动态，最重要的是，可以和所有的朋友交流。

该网站对用户成功与否的评价办法恰恰是很多用户在现实世界中想要去努力回避的，那就是你主页的受欢迎程度。为了让自己更受欢迎，你需要在主页上张贴引人瞩目的内容，请其他用户关注你的主页，发布有争议的照片，向你的朋友发公告请他们把你列入好友名单。考虑到该网站的用户数量巨大，其在民众中的受欢迎程度相当高，而且其面对的用户也不光是年轻人。

对那些想吸引年轻人眼球或是赚年轻人钱的人来讲，

"MySpace"是一个绝佳平台。关注这个平台的包括各所大学、丰田和本田等车企、电影公司以及快餐企业等。

2006年8月，该网站取得了里程碑式的成就：用户总数达到1亿。虽然这些用户中包括一些公司用户以及一些虚拟账户，但该网站仍然拥有一个巨大的市场。同一个月，《财富》杂志报道称，"MySpace"（2005年作为5.8亿美元并购计划的一部分被福克斯总裁默多克掌管）在网络流量上已经超过谷歌，在浏览次数上仅次于雅虎，以每天10亿次的浏览量位列第2。该杂志还报道称："MySpace"网站已经成为220万个乐队、8 000名喜剧演员、数千名电影制片人，以及数百万想要吸引他人关注的用户的家园。杂志还报道称，该网站曾经一天就吸引了23万名注册用户。事实上，据互联网统计公司Hitwise的数据显示，"MySpace"网站的使用率占所有社交类网站使用率的79.7%。

显而易见，自2003年创立以来，该网站在招募人员方面显示出了惊人的能力。在该网站成为互联网巨头的同时，美国军队却在遭受着巨大的损失。"MySpace"网站80%的用户都声称自己已年满18岁，这就不难理解为什么军方会对该网站感兴趣，军方把该网站当作招募兵员的新领域，而应征者可能会被送往阿富汗或伊拉克战场。

2006年2月，海军陆战队建立了自己的"MySpace"主页。该主页的内容当然在意料之中，包括宣传新生训练生活的视频、供下载的赞美海军陆战队的电脑桌面——海军陆战队的各类徽章、海军陆战队参加"二战"的场景等。根据美联社的报道，截至2006年7月，通过网站与海军陆战队征兵官员建立联系的约有430人，其中有170人被评价为"有领导才能"或"有发展前途"。截至 2007 年 9 月，海军陆战队在"MySpace"网站上的好友数已经达到 56 200 人，虽然这个数量不足希拉里·克林顿参议员好友数的一半，比丰田"Yaris"机车的好友数还少 6000 多人，但这个数字已经相当令人满意了。

值得一提的是，在 2006 年 8 月，空军也在该网站上建立了自己的主页。空军征兵部门战略联络官布莱恩·玛德兹上校在接受空军媒体采访时直言不讳地表示，建立主页就是为了与今天的年轻人建立直接联系，"空军需要跟上时代的步伐，进入年轻人的圈子"。

比海军陆战队更进一步的是，空军还与福克斯电视台的热播剧《越狱》就"相互推广"建立了关系。浏览空军的"MySpace"主页时，你会受邀对 5 条空军广告进行投票和评选。2006 年 9 月 18 日，获胜的广告就是与《越狱》剧情相关的内容。但是在第二天，空军的态度出现了大反转，其关闭了空军"MySpace"主页，并称原因是"网页上有不恰当的内容"，可能会"损害空军的声誉"。正如玛德兹向《空军时报》宣称的那样，"MySpace"网站的危险之处在于，"你常常会发现你的好友的好友在网页上传了你很不喜欢的内容，空军不想与这些不好的内容扯上关系，这会损害我们的声誉"。

2006 年 2 月，军方又对"MySpace"网站发表了保留意见，并在一个月后取消了与该网站的广告合同，原因是有报道称"不法分子通过该网站与儿童接触"。曾任首席大法官的艾尔伯托·R.冈萨雷斯近日曾呼吁人们关注一起案件，在这起案件中，一位男子通过"MySpace"网站引诱一名 11 岁的女童发生非法性关系。美国参议院随即通过禁止"MySpace"和其他社交网站进入学校和图书馆的禁令，且禁令是以 410 票对 15 票的巨大优势获得通过的。2006 年夏季，一位驻纽约德拉姆兵营的陆军中士又因企图借助"MySpace"网页与 15 岁少女发生非法性关系而被捕，而这位"少女"其实是警察局的探员在网络上假扮的。这名中士被判"三级诱骗和意图强奸罪"。

最后，虽然发生了上述种种事件，但陆军还是决定宏观上接受"MySpace"网站。据陆军广告媒体及网络事务主管露易丝·W. 艾顿表示，"MySpace"网站的制作人员与陆军网站设计人员及军方的麦凯恩·艾里克森广告公司团队一起，创立了一个互动式网站，这个网站上有各种必要的内容以及多种与招兵官员联络的方式。虽然陆军的设计人员主要关注的是 17~24 岁的年轻人的招募前景，但她认识到对更年轻的人也应该给予关注。艾顿声称："应该让更年轻的人也能看到我们，这并不是做广告。"

据艾顿表示：陆军在"MySpace"上的网页主要功能就是把用户吸引到"GoArmy"网站上。她还引用时任国防部长拉姆斯菲尔德书中的话表示：在网络世界，"成功"就是"体量大"。在她看来，这主要依赖 3 个要素：网页浏览量、与陆军联系索取详细信息的用户数量、链接到"GoArmy"网站的数据流量。她还表示：我们对我们网页的注册好友数量很感兴趣，这个数量当然是越多越好。事实上，截至 2007 年 9 月，陆军的好友数量约为26 000 人，与此相比，诺姆·乔姆斯基非官方主页的好友数量已经超过了 51 000 人，不过陆军主页的好友人数还是很有潜力的。陆军的"MySpace"主页内容很有吸引力，其中包括讨论版块、介绍陆军的虚拟互动版块、各类电脑桌面、照片、视频、通向陆军游戏网站的链接、通向"GoArmy"网站的链接，以及"与陆军联系"的链接等。

陆军还在关注着网上博客。艾顿曾指出：许多军方人员都在网上建有博客，我们正在分析这一情况并研究如何应对这一现象。截至 2007 年 11 月，军方决定未来的发展方向之一就是参照"大兵吉尔"的博客，该博客是官方为纪念吉尔·史蒂文斯而设立的。吉尔是犹他州国民警卫队第 211 航空团的一员，也是本届"犹他小姐"获得者和 2008 年"美国小姐"参赛者。该博客不仅定期上传吉尔的文字作品，还有通向陆军网站的链接，博客甚至可以下载吉尔的靓照，照片上的吉尔化着妆，坐在军车引擎盖上，怀抱自动步枪，旁边放着他在选美比赛中获得的皇冠。

通过社交网站结识"朋友"只是五角大楼努力开展推介工作的做法之一，军方同时还在关注其他新媒体领域，包括文字短信息以及五角大楼"播客"等。军方所做的这些工作意味着，在互联网上关注年轻人的不仅仅是有不良性企图的人。"MySpace"运营方声称，其已经在采取特定的措施以保护儿童免受网上不法分子伤害。但是，什么样的好友才会想着招募你并把你送到一个可能危及生命的地方（如伊拉克战争中）呢？这些地方已经被大多数美国人认定是"灾难性的地方"。

"MySpace"网站收取军方的资金，把那些希望在网络上受到欢迎的年轻人作为目标，这种做法令人费解。这也是复合体发挥商业职能的一个典型方面，因为正是民营公司允许军方做出了上述举动。以"MySpace"网站为例，民营公司深度参与了军方网站的制作，并且——如艾顿所言——参与了网站的日常维护工作。

如果该网站上的个人简历可信的话，那么在"MySpace"网站上还有一部分年轻的伊拉克用户。如果一名美国年轻人在该网站上有伊拉克好友，而他恰恰又被招募加入海军陆战队并被派往伊拉克，而在那里他又受命要击毙自己网上的好友，那会发生什么呢？

第十六章

肮脏的少数人

即便是在残酷的伊拉克战争期间，军方的征兵工作中也充斥着五角大楼大言不惭的宣传、白宫所谓"取得胜利"的消息，以及不时出现的吹嘘军队有能力实现人生目标的媒体报道。但是，军队取得胜利的唯一方式是进行根本的"转型"，这个转型绝不是前国防部长拉姆斯菲尔德在伊拉克战争前所提的"转型"。虽然萦绕在拉姆斯菲尔德脑海中"把世界上最强大的军队转变成最高科技、最灵活、最面向未来的军队"的梦想未能实现，但《华盛顿邮报》的大卫·冯·德莱赫勒指出：军队正在以超出人们预料的方式"变化"。

2005 年，五角大楼每招募一名军人投入的资金就高达 1.6 万美元，但即便如此，五角大楼的征兵任务还是没有完成。在那之后，12 个重点地区的征兵工作得到进一步加强，在有些地区，军队在以"深夜脱口秀"的形式开展的征兵工作中打出了陆军的老口号：尽你所能做到最好！

强行推销

当不再通过电子游戏、网页、"MySpace"网站及文字短消息来招募潜在的入伍对象时，军队开始通过老式的强行推销策略，以吸引有意向的年轻人参军。2006 年，一位家在新泽西的母亲向当地报刊讲述了军方坚持招募她 17 岁女儿的故事。当这位母亲最终要求军方不要再打电话时，征兵官员仍然振振有词。这位母亲虽然仍对军队持赞赏态度，但还是对征兵官员的伎俩表示吃惊。"他们的做法令我害怕，也令我气愤。这位征兵官员居然说我无权决定孩子的命运。"

在学校里，10 多岁的年轻人同样是军方广告和高压策略的目标对象。2006 年，《波士顿环球报》报道称：征兵官员正在全国各地高中的自助餐厅里设置宣传台。同一年，伊利诺伊州斯普林菲尔德《州日报摘要》报道称：各地的招兵官员每 3—4 周就会到各个学校"转一圈"。在一所学校，管理者们不得不禁止态度蛮横的征兵官员接触学生；其中至少有一名征兵官员被禁止再次进入校园。

由绿转灰

军队一直通过围绕年轻人做工作来完成征兵任务，但随着伊拉克战争的压力日益增大，军方也开始招募年龄稍大的人员。2005 年，陆军预备役将招募年龄的上限从 35 岁提高到了 40 岁；当年晚些时候，最高年龄又被提升到 42 岁。2006 年，现役军人的招募年龄上限也被提高到了 42 岁。

"走后门"式的征兵

军方还瞄准了另外一个群体：海军陆战队个人预备队。这支队伍中的人员都是已经恢复平民生活的退役军人。2006 年 8 月，海军陆战队宣布将采取以下方式来弥补人员短缺：从以往很少使用的个人预备队中吸纳人员，以缩小一些部队中日益凸显的兵员缺口，而这些部队即将在未来几个月投入部署。正如《波士顿环球报》报道，这是 3 年前伊拉克战争爆发以来海军陆战队的指挥官首次采取"特殊行动"，将曾经在部队中服役的人员重新召回部队。从陆军情况来看，根据 2006 年哥伦比亚广播公司的一则新闻报道显示，自 2003 年 3 月以来，陆军已经从陆军预备队中招募了大约 14 000 人，这些人当中，超过一半的人被派往伊拉克。

橡皮图章式的提升

2006 年，陆军曾承认，为了保证人员数量上不出问题，陆军在军官选拔方面几乎牺牲了所有质量要求。根据五角大楼 2005 年的统计数据，符合条件的上尉中约有 97% 被晋升为少校，这是在陆军本已高启的历史平均晋升率（70%~80%）基础上又迈进了一大步。五角大楼的一位陆军高级军官曾向《洛杉矶时报》表示："这里的问题是，上述晋升突破了'淘汰率为 20%'的底线。""基本上讲，只要你没被军事法庭处理过，你就能被晋升到少校。"据《今日美国》2007 年报道，尽管采用了这种"保送式晋升"的方式，陆军仍面临着尴尬的问题：陆军不仅缺少入门级军官——中尉，而且也缺少更高级的军官。陆军发言人布莱恩·希尔弗提曾经承认，中层军官的缺口约为 3 000 名，尤其是少校短缺严重，未来几年情况可能都不会改善。事实上，预计直至 2013 年，每年中层军官的短缺数额都会保持在 3 000 人。

外籍军团

负责人事和战备事务的国防部副部长朱思久 2006 年 7 月在美国参议院军事委员会作证时曾列出一系列优惠措施，美国军方希望借助这些优惠措施吸引外籍人员为"山姆大叔"卖命。这些优惠措施包括布什总统签署的行政命令，允许非美国公民在为美国服现役一天后申请美国公民资格；为服役人员提供简便的申请程序；为在军队中服役的非美国公民免除所有申请费用。

朱思久提到，约有 4 万名非美国公民在美军中服役，同时，朱思久也谈到了自己对美国移民危机的解决方案。在各军种不愿意发放征募文件的情况下，朱思久推出了以下方案：从年纪轻轻就来到美国的约 5 万～6.5 万名未登记造册的外籍人士中抽调人员，组建真正的外籍军团。朱思久还谈到了美国的一些法律，如《梦想法案》，该法案允许非法移民通过参加美国军队来获取美国"有条件的永久居民"身份。

这种方式为部队提供了一种隐形的人力来源，它减少了美国家长的困惑（但可能无法减少他们子女的困惑）。除这种方式外，朱思久还表示："军方已经启动了多项新计划，其中包括为有语言专长的人提供就业机会，这对无公民身份的人员可能更有吸引力。"为了提高无公民身份的人员对参军入伍的兴趣，陆军还为他们提供了以下优惠条件，包括快速申请公民身份、提前晋升职级以及一系列津贴——其中包括一定量的现金补贴。除了服现役人员领取的外语能力补贴之外，愿意在伊拉克和阿富汗使用中东语言技能为美国陆军服务（作为翻译助手）的人员还能够获得1万美元的奖金——这对他们而言绝对不是一个小数目，因为这些国家的人均年收入只有800~2000美元。

雇佣军

为了解决在征兵中遇到的问题，军方不断加大吸引人员的力度，采取的方式就是给予更多的金钱刺激。在某些情况下，贫穷但有合法公民身份的美国人入役奖金的数额可高达4万美元，这些美国公民将以陆军步兵或爆炸物拆除人员的身份服役3年。在2005年，4万美元已经高出了很多人的年收入水平——当年非洲裔美国人的人均年收入为16874美元，拉丁裔美国人的人均年收入为14483美元，非拉丁裔白人的人均年收入则为28946美元。就连那些不愿意在最危险岗位服役的人也能获得可观的奖金。在2007年夏天，为了迅速弥补兵员缺口，陆军把入役奖金的数额提升到了2万美元，以鼓励应征者签署特别条款，放弃从应征入伍到接受训练的40天时间间隔。同年11月，空军也紧随其后，他们承诺给应征的飞行员提供4.5万美元的奖金，供其服役结束后购买房屋或创业所用。

据美联社报道，陆军还为招募退役人员再次入役而投入了部分资金——2006年，陆军为符合条件的人员投入的资金为人均1.4万美元，为此额外投入的资金总额为6.1亿美元。到了2007

年，陆军将支付给某些重要岗位专业人员的资金数额提升到了每人 3.35 万美元，部分士兵的一次性补偿金数额则达到 2.5 万美元。2006 年 7 月，负责海军陆战队选拔人员再次入役奖金计划的杰里·摩根少校向《星条旗报》透露，在 5 个重要军事岗位工作的专业人员最高奖金总额已经提升到了 6 万美元。不到一年后，海军陆战队部分人员的奖金更是冲上了 8 万美元大关。除了这些奖金之外，军方还承诺为现役及预备役人员完成大学学业分别提供 71 424 美元和 23 292 美元补助，这对一些人而言可能是一笔改变命运的资金——前提是你能从战场上活着回来去读大学。

滥用权力

然而，赋予更多的征兵官员更大的奖金分配权力也会带来问题。2005 年，在征兵官员抱怨难以完成月度征兵任务的同时（当时部分征兵官员已经开始教应征者如何逃过毒品检测），陆军宣布在全国停止征兵工作一天，以重新研究征兵方式的合理性并保留其人员。这种做法并不令人惊奇。政府审计办公室在随后发布的一份报告中指出："在 2004—2005 财政年度，对各军种中征兵官员行为不当的指控有所上升，案例数量从 4400 起上升到了 6500 起，经确认的案件数量从 400 起上升到近 630 起，刑事犯罪的数量则已翻番——从 30 起增加到了近 70 起。"

2006 年 8 月，有报道显示：过去一年中，有超过 100 名对入役表示兴趣的年轻女性遭到过征兵官员的非礼。据一名受害者的律师透露，征兵官员曾向其当事人明确表示："如果你想参加海军陆战队，你就必须和我上床。"而其当事人仅有 17 岁，且从未有过任何性经历。另一位十来岁的受害者则明确表示："征兵官员掌握着权力，他们身着军装，他们掌握着我的命运，我信任他们。"

民间征兵人员

在一个政府能够把任何行业都私有化的国家，由私营机构开展征兵工作就不会令人感到意外。据《华盛顿邮报》的拉内·梅尔透露，作为 2002 年启动的一项试验性计划的一部分，两家弗吉尼亚州的公司——塞尔科公司（该公司 2006 年从五角大楼领取了 2180 万美元）和军事职业资源公司（该公司的母公司 L-3 通信公司 2006 年从五角大楼获取了 52 亿美元）——在全国各地派驻了 400 多名征兵人员，并且成功征募到 1.5 万余名士兵。梅尔还报道称，每征募到一名人员，这些公司就可以获得 5700 美元报酬。

除了公司能够从五角大楼得到报酬之外，征兵人员个人还能够得到奖金、免费加油卡、仿制的皮衣等，如果他们能为军队招募到大量人员，他们的基本工资还能够每年增加近 3 万美元。正如近几年五角大楼在很多工作中委托私营合同承包商一样，委托私营征兵机构的做法也在国会中引起了不良反应。如参议员简·沙可夫斯基（伊利诺伊州，民主党籍）所言，"在这种敏感工作中委托私营合同承包商是有问题的，因为这事关诸多年轻人的生命"。沙可夫斯基对缺乏监管的状况尤其担忧，就连陆军一份建议继续这项 1.7 亿美元计划的报告中也称："民间征兵人员招募到的士兵存在低素质的现象。"

在人们对兵员质量产生争议的同时，2006 年 8 月，陆军官员宣布：他们与军事职业资源公司签署了一份价值 11 196 996 美元的基础合同（该合同潜在价值可达 3400 万美元），可保证该公司在陆军遍布全国的 1700 个征兵站提供征兵服务。不仅如此，在 2007 年 2 月，陆军又向军事职业资源公司提供了另一份价值数百万美元的征兵服务合同。

底线何在

在这段时间，兵员标准低并不仅限于私营征兵公司招来的人员，而是成了一种普遍现象。连国防部副部长朱思久也承认，2006 年征募的兵员中有近 40% 在军队组织的能力考核中分数处于下游。在新闻报道中，军方降低标准招募兵员的缺陷也屡屡显现。举例而言，2005 年，《纽约时报》曾报道称：两名俄亥俄州的征兵官员短时间内就签下了一个刚刚在精神病院接受了 3 周治疗的人，即便此人的家长告诉征兵官员他患有双相障碍症，而按规定此类患者是不符合应征标准的。在更高层级的官员发现问题后，这名精神病患者的入役资格被取消。但在 10 个州采访 20 多名征兵官员的过程中，《纽约时报》还了解到更多的"隐瞒精神病史或犯罪记录"的案例及其他不当行为。

2006 年 5 月，《俄勒冈人报》报道称，陆军招兵官员采用强行推介的策略和给予数千美元奖金的办法，将一名患有自闭症的年轻人招募到了陆军最危险的岗位——骑兵巡逻队。此人在学前教育时上的是特殊班，随后通过残障人士特殊培训计划拿到了一份打扫卫生间和清理垃圾的兼职工作。在征兵官员与他接触后，他的父母给他做了解释，直到这时他才知道美国正在伊拉克开展军事行动。在此事引发公众不满后，陆军才宣布将取消这名自闭症患者的服役义务。

持有武器的危险人物

五角大楼于 2004 年进行的"道义赦免研究"为招募有犯罪记录的人员打开了大门，而陆军道义赦免政策的受益者之一真的在后来成了一名臭名昭著的罪犯。史蒂芬·格林曾在陆军第 101 空中骑兵师服役，此人被控在伊拉克马赫穆迪亚实施了一起强奸犯罪和 4 起谋杀。随后的调查发现，史蒂芬·格林在高中时辍学，他来自一个破碎的家庭，参军入伍的目的就是"得到一些人生指引"，但他却因有着"反社会人格"而被提前送回家。五角大楼前高级军事分析师、"军队招募与军人犯罪之间的关系"专业研究人员艾利·弗莱尔曾向《哈珀》杂志表示：格林在应征入伍时即享受了道义赦免优待，军方未追究他至少两起涉毒（或是涉酒）违规行为。就在即将应征之前，格林又实施了一次涉酒不当行为，并因此而被监禁，但在他入役时，军方对这次违规行为还一无所知。

在格林被送入监狱等待审判期间，《休斯敦纪事》于 2006 年 8 月报道称，陆军的征兵官员正在达拉斯一处招工市场活动，他们准备招募有犯罪记录的人入伍。据其中一位征兵官员表示，他们正在招募高中毕业、犯罪记录不超过一次的人。陆军甚至曾认为已被判入狱的人同样适合入伍——他们曾经在犹他州奥格登的一处少年犯管教所开展征兵工作。正被关押在这里的史蒂芬·普莱斯就与征兵官员进行过接触并于 2005 年 1 月应征入伍，当时他还不到 17 岁,他的父母(已离婚)向犹他电视台的一位记者声称,征兵官员做了虚假承诺,并且使用了伪造的文件来招募他们的儿子。尽管目前还不清楚普莱斯的母亲是否真的签署了同意儿子入伍的家长承诺书,但据记者透露,普莱斯的父亲"根本没在签字现场,但他的签名也出现在了承诺书上"。

帮派分子的战争

据《芝加哥太阳时报》报道,执法官员曾宣称:军方现在允许更多带有黑帮文身的人员申请入伍,因为他们面临着短期内征不到兵的巨大压力。执法官员还指出:士兵当中的帮派活动可能会不断增多。据该报掌握的照片显示:驻伊拉克的军事设施和设备上遍布着代表芝加哥、洛杉矶和其他城市帮派的涂鸦。

《芝加哥太阳时报》还报道称,一名正面临谋杀和抢劫指控的帮派分子于 2006 年应征入伍,此人在保释期间做好了前往兵营报到的准备,直到这时,海军陆战队的官员才发现他们招募了一名即将接受审判的疑犯。虽然这名疑犯最终被踢出了部队,但是负责逮捕这名疑犯的密尔沃基市警探(此人也是一名陆军老兵,曾在联邦反毒品和有组织犯罪特遣队工作)发现,还有其他的帮派分子应征前往伊拉克,并从伊拉克向国内捎带武器。越来越多的帮派分子正在接受军队的训练并得到枪支。

据《星条旗报》报道,陆军刑事犯罪调查司令部曾在一份报告中指出,2005—2006 财年,与有组织犯罪相关的士兵及军人家属的数量翻了近两番,有 18 个驻军基地出现与帮派相关的活动及犯罪行为。其他联邦部门也注意到了这一点。联邦调查局国家有组织犯罪情报中心曾在 2007 年的一份报告中指出，军队中的有组织犯罪正在不断增加，这对执法人员乃至国家安全都构成了威胁。

种族主义者进入军队

另外一类"帮派"成员的数量也在部队中迅速上升，显而易见，这得益于征兵标准的降低以及征兵官员的视而不见。2006年 7 月，南部贫困法律中心（该中心主要开展对种族主义者和右翼武装人员的跟踪调查）在一项调查中发现，受兵员不足压力影响，大量新纳粹分子和"光头党"极端分子已进入部队服役。报告引述五角大楼调查人员斯科特·巴菲尔德的话称：大家知道，征兵官员允许新纳粹分子和白人优先参军入伍，军官们也没有把这些人逐出部队——即便我们已经能够确定这些人是极端分子或帮派成员。

《纽约时报》注意到，带有新纳粹色彩的杂志《抵抗》事实上正在帮助美军征兵，该杂志敦促"光头党"成员参军并坚持去轻步兵部队服役。《抵抗》杂志解释道：未来的种族战争以及随后的种族清洗活动将会以步兵作战的形式进行，这将会是一场逐门逐户进行的行动，直到你所在的城镇被"打扫干净"，异族都被驱赶到乡下——在那里，他们将被"猎捕"并"清除"。

显而易见，兵员不足的压力导致了上述情况的发生。巴菲尔德还在报告中指出，他及其他调查人员发现，一个由陆军和海军陆战队现役人员中的新纳粹分子组成的网络已经蔓延到 5 个州的 5 处军队驻地。他们在相互交流"武器装备、招揽人员、保守身份秘密、在军队中加强组织"等信息。这就不难理解为何在伊拉克的军人涂鸦中会越来越多地出现种族主义（如"雅利安国"等）的内容。

部队转型

美国在越南的军事行动结束时，美军处在崩溃的边缘。军方领导人誓言不会再允许部队沦落到那种境地。但仅仅过了一代人的时间，美军在伊拉克和阿富汗的军事行动又接踵而至，尽管陆军和海军陆战队投入了大量的人力和财力并且降低了招兵标准，但全球部署的状态依然让他们处于兵员不足的境地。这样一来，美国地面部队日益变成了一个由青少年、老人、外籍人员、帮派分子、新纳粹分子、有犯罪记录的人员、能力不足的军官和准雇佣兵组成的混合体，这些人参军的原因是金钱引诱和政府的其他承诺。

在越南战争期间部队面临窘境时，美军士兵开始在头盔上刻下"UUUU"的字样，这是"被迫参军的人，受着能力不足的人员的领导，为不知感恩的人干着没必要干的事"这句话的缩写。这个时期的美国地面部队也是越南战争期间美军溃败的一个缩影，他们就像越战经典电影《肮脏地带》中描绘的被送入敌后的一帮有犯罪记录的怪人（尽管原因可以追溯到"二战"时期），也像是古代奥斯曼帝国的近卫军一般。事实上，一支由全志愿兵组成但带有相同属性的部队正在逐步形成：这支部队的人员能力不足、智力有限、素质不高、精神不健康、不受欢迎、身体机能不佳、令人失望、不讲文明，甚至没有美国国籍，他们的指挥官并不具备领导能力，这群人一样在为没有感恩之心的人做着没必要做的事。这支部队与国防部长拉姆斯菲尔德多年来承诺的"新型部队"大相径庭，但不可否认，美国军队的确在经历深度的"转型"。

第六部分

军队内部的疯狂

今天来看，军事–电信复合体对你来说可能已经过时了；但你也许不知道，军方还与高尔夫界有着联系（在弗吉尼亚州就有一处军事–高尔夫复合设施），他们还牵扯到军队庞大的媒体系统以及世界上身价最高的运动员。2007 年 7 月 4 日，美国电话电报公司（该公司 2006 年从五角大楼获得了超过 2.3 亿美元）董事长兰德尔·史蒂芬森的活动就让人们注意到了这种联系：他与一位陆军士官、一位空军士官和通用汽车公司（该公司 2006 年从五角大楼获得了 8 700 万美元）代言人"老虎"伍兹一起参加了一次巡回赛赛前练习。前总统乔治·布什和芭芭拉·布什也参加了这一活动。五角大楼掌控的媒体"美军新闻局"对此进行了详细报道，原因就是伍兹向军方人员赠送了 3 万张巡回赛门票，邀请大家观看"艾尔·伍兹纪念赛"，该项赛事是以"老虎"伍兹的父亲、已故陆军特种部队成员艾尔·伍兹的名字来命名的。

虽然这项赛事不是在军方的高尔夫球场（目前军在世界各地拥有几十块高尔夫球场地）进行的，但伍兹还是解释了其与军方之间千丝万缕的联系。伍兹谈道，自己在军方位于国内的场地上打过很多场球。他还表示，如果不是靠打球每年赚到 1 亿美元，他"很可能就去参军入伍了"。伍兹说："我不知道自己会加入哪个军种，但我确实很想去特种部队。"

除了上述活动之外，伍兹还为军方网站提供了大量照片，刊登这些照片的网站包括 Americasupportsyou.com 和 Defenselink.mil 等。但是，这些消息以及军方拥有高尔夫球场的情况只是军方营造的"疯狂世界"的冰山一角——在军方营造的"疯狂世界"里，国家税收被用于养护高尔夫球场，宣传材料被拿来当新闻使用，将军在宴会上与人觥筹交错……这些事真令人无法想象。

第十七章

打高尔夫球的国防部

早在 1975 年，参议员威廉·普罗克斯迈尔（民主党籍，威斯康星州）就曾批评过五角大楼每年花费近 1400 万美元打理其遍布全球的 300 个高尔夫球场。1996 年，电视系列片《美国国防监督》报道称，五角大楼的精英以及政府高级官员仍然用纳税人的钱在美国军方管理的 234 个高尔夫球场里玩乐。在这 21 年当中，虽然军方管理的高尔夫球场数量有所减少，但实质上的变化却不多。军方离严格自律还差得很远。

今天，军方声称其在全球范围内管理的高尔夫球场只有 172 个，暗示在普罗克斯迈尔参议员提出批评的 30 年后，军方已经进行了一定的改革。但这一点不足为信。事实上，军方只是在玩文字游戏。举例而言，五角大楼声称美国空军只拥有 68 个高尔夫球场。但详细调查显示，五角大楼把安德鲁斯空军基地的 3 个独立高尔夫球场（共有 44 洞）算作 1 个高尔夫球场。海军的情况也是这样，他声称只拥有 37 个高尔夫球场（包括在关岛、意大利和西班牙的相关设施），但事实上，海军把位于圣迭戈的贝克海军上将高尔夫球场（包括两个 18 洞的独立球场）算作了 1 个球场。同理，五角大楼声称陆军只拥有 56 个高尔夫球场，但事实上陆军拥有的高尔夫球场数量不少于 68 个，这些球场分布在从美国到德国、日本、韩国的广阔区域。

不仅如此，一些军用高尔夫球场还被神奇地从统计表中抹去了。据五角大楼表示，2005 年美国军方共在 25 个海外基地拥有高尔夫球场（参见下表）。

空军	海军陆战队	陆军	海军
德国，拉姆施泰因	日本冲绳，巴特勒	德国，鲍姆霍尔德	关岛
意大利，阿维亚诺		德国，艾德尔韦斯	意大利，那不勒斯
日本，三泽		德国，海德堡	日本，厚木
日本，横田		德国，基钦根	西班牙，罗塔岛
韩国，群山		德国，斯图加特	
韩国，乌山		德国，威斯巴登	
日本冲绳，嘉手纳		日本，座间兵营	
土耳其，因切尔利克		韩国，凯西兵营	
英国，莱肯希思		韩国，红云兵营	
		韩国，沃克兵营	
		韩国，城南	

细看一下我们就会发现，军方显然忘记了自己拥有的一些高尔夫球场——尤其是那些位于不知名或名声不好的地区的球场。

举例而言，美国驻关塔那摩的海军基地就有一处 18 洞的高尔夫球场未被列入统计表，在那里打球都要使用红色的高尔夫球，以免在当地的荒原上遗失。另一个未被列入表里的就是"陆军巡回赛俱乐部"，这是由陆军人员 2003 年在伊拉克摩苏尔建成的高尔夫球场。此外，美军在马绍尔群岛共和国的夸贾林还建有一处高尔夫球场，这个小岛鲜为人知，但这里部署着诸多导弹、火箭发射架和雷达设施，因为这里是美国陆军罗纳德·里根弹道导弹防御试验场的基地。另一个未被提及的 9 洞高尔夫球场位于英属印度洋领地中的迭戈加西亚岛，这里由美军驻扎，而且人们一直怀疑此处是中央情报局在"9·11"后设立的秘密监狱之一。就算高尔夫球场没有设在秘密地点，一些靠近战区或是监狱，或是靠近一些虐待犯人场所的高尔夫球场也被人为地忽略了。举例来说，虽然五角大楼列出了位于关岛巴里加达的"尼米兹海军上将"高尔夫球场，但其忽略了位于该岛安德森空军基地的棕榈树高尔夫球场（18 洞）。五角大楼本来应该以空军的这个球场为荣的，毕竟这个球场参加了 2002 年"关岛最美高尔夫球场"的评比并且取得了不错的名次。

不管军方拥有的高尔夫球场究竟有多少，至少其中部分场地正在进行精修和整理。拿位于弗吉尼亚州朗利空军基地的伊戈尔伍德高尔夫球场为例，2004 年，五角大楼向乔治高尔夫球场设计公司支付了超过 35.2 万美元以整修位于此处的两块高尔夫球场地（一块名叫"捕食者"，另一块名叫"猎鹰"）。乔治高尔夫球场设计公司刻意做了两块球场逐个修整安排，以免当地的玩家没有球场可用。这一点非常重要，因为如果两个球场同时整修，那么弗吉尼亚州就"仅剩"9 处军用高尔夫球设施（海军 5 处、陆军 3 处、海军陆战队 1 处）可用，其中共包含 14 块高尔夫球场地。

尽管军方经营着如此多的高尔夫球场，但显然这还没法满足军队人员对高尔夫球的热爱，至少从五角大楼 2004 年支付给高尔夫球度假场所的高额资金来看是这样。举例而言，位于得克萨斯州圣安东尼奥的德尔拉戈高尔夫度假村就从军方赚到了至少 1.9 万美元，这个度假村拥有当地环境最为优雅的 18 洞高尔夫球场；位于西弗吉尼亚州摩根敦的湖景高尔夫球度假村拥有 2 个冠军级高尔夫球场，该度假村 2004 年从陆军挣到了 16 416 美元。在被问及"陆军究竟在这个度假村干了什么"时，该度假村的一位发言人拒绝透露任何细节信息，只是表示，她无法证实军方在这里究竟都做了什么。

在位于亚利桑那州梅萨的亚利桑那高尔夫度假村及会议中心，陆军 2004 年花了 48 620 美元。这个度假村声称拥有优越的接待条件、高端的美食、便利的设施以及 1 个顶级高尔夫球场，周边环境十分优美。但是，亚利桑那州的这个度假村还不是军方投入最多的休闲场所。据五角大楼文件显示，2004 年，美国陆军在位于沙特阿拉伯利雅得的"亚利桑那高尔夫中心"花了 71 614 美元。

作为沙特阿拉伯国内对美国西南部地区的一个纪念，这处度假场所声称能够为各个年龄段的人士提供利雅得仅有的"面向西方侨民的高尔夫球服务"。该地事实上还拥有各类娱乐设施，除了高尔夫球场和赛车场外，还包括带有水滑道的大型游泳池、健身房、保龄球馆、马场、曲棍球场、游乐中心、露天剧场、餐厅，以及咖啡厅等。这是位于"不稳定弧"地区的国家的一处绝佳场所，可以供美国军人与其他西方人士一起休闲娱乐。对那些驻扎在波斯湾地区但喜欢在小型高尔夫球场打球的人而言，美军基地中也有小型球场供他们使用。这些基地包括位于科威特的艾哈迈德·艾尔·捷普空军基地和多哈兵营，以及位于伊拉克的巴拉德空军基地和位于沙特阿拉伯利雅得空军基地附近艾斯坎村的军事设施等。

但是，驻艾斯坎村的人员的娱乐设施还不只是小型高尔夫球场这么简单。据美国审计总署 2002 年对"军方非必要支出"问题进行的一次调查显示，驻艾斯坎村的军人在"与高尔夫相关活动"上花费了 5333 美元。事实上，审计总署还在报告中指出，空军在西南亚部署期间购买了多套与高尔夫球相关的用具，其中包括花费 3.5 万美元购买高尔夫球具车，花 1.6 万美元购买高尔夫会员证，以及花 1500 美元采购高尔夫球袋等。军方对高尔夫球的喜爱远不止花 3.5 万美元购买球具车这么简单。据五角大楼文件显示，仅在 2004 年一年，军方就向高尔夫球具车公司支付了 6860 美元，向河滨高尔夫球具车厂支付了 6900 美元，向路易斯安那高尔夫球具车厂支付了 9322 美元，向南方高尔夫球具车厂支付了 16 741 美元，并向高尔夫球具车专用设备厂支付了 37 964 美元。与此类似，在 2006 年，五角大楼又为两项与高尔夫球具车相关的项目支出了 58 644 美元。德国高尔夫球设备供应商大陆高尔夫联合企业则从五角大楼赚到了 8.8 万美元。

尽管随着部分军事基地的关闭以及环境保护主义者和社区组织的抗议，军方的高尔夫球场数量已经有所减少，但五角大楼对高尔夫球运动、高尔夫球具车以及高尔夫球场的"热爱"依然如故。军队内外的辩护者声称，军方经营的高尔夫球场不只是一个吸钱的"黑洞"，它们也能通过收取使用费来为军队赚钱。但是，这些人却从来没有提到过这样一个事实：这些场地位于公共土地上，却从来不向政府缴纳税费；维护这些场地的安全需要投入经费；场地运营所需的道路、水及电力供应都由公众付钱。这些问题都是亚利桑那州参议员丹尼斯·德科西尼在 1990 年年中提出来的，当时，安德鲁斯空军基地准备花 510 万美元修建第 3 个高尔夫球场。（如果五角大楼的确需要用钱，它可以通过出售高尔夫球场来筹资。举例而言，陆军位于科恩维斯海姆、加尔米西和海德堡的高尔夫球场分别值 660 万美元、1330 万美元和 1650 万美元；五角大楼位于韩国城南的高尔夫球场则价值 2600 万美元。）

上述辩解也没能讲清楚为何五角大楼会参与高尔夫球场的经营。根据官方的宣传，五角大楼的职责是作战行动、人道救援、维和行动、人员后送、国土安全以及（根据五角大楼自己的说法）"建设军事力量以慑止战争、保护美国的安全和能够实现上述目标的所有行动"。然而，"高尔夫球场有助于军方完成任务"却具有讽刺意味，因为美国已经有超过 8100 个公共高尔夫球场和超过 3500 个半公共高尔夫球场（允许部分非会员进入）。更为合理的解释是，当事情牵扯到高尔夫球时，五角大楼就会像处置某些特定事务时一样，按自己的喜好行事，而不理会其他人的感受。

第十八章

爱国宴会

当把食物与美国军队联系起来时，浮现于你脑海的无疑是长长一排等着打饭的军人，炊事员把夹着火腿的面包塞到他们手中，低级别的士兵忙着削土豆皮，军人们吃着难以下咽的 C 型口粮，或是稍微改善一些但仍让人没有食欲的即食口粮等场景。

但这些都已经成了往事，新的、现代化的军队早已不是这样——原因不仅仅在于凯路格布朗等私营公司承包了军队食堂从建设到烹饪的一条龙服务。今天，与其他美国人一样，军人们也喜欢外出就餐。这样做可以省去备餐、清洗餐具、烹饪等一系列麻烦。而且最为重要的是，外出就餐用不着自己付款——买单的是美国的纳税人。从五角大楼自己的统计数据看，陆军、海军、空军和海军陆战队胃口都很不错，他们在饮食上花费甚多。

实际上，军队人员对饮食十分挑剔。一些有民族特色的饮食从未被端上过军队的餐桌。考虑到五角大楼的财务一直神秘莫测，有些事情可能根本无法弄清，尽管如此，军方对军队（虽然未在亚洲基地驻扎）食用亚洲特色食品的记录似乎如下：

越南餐饮　0

泰国餐饮　0

印度餐饮　0

日本餐饮　0

更不用说阿富汗饮食了。

虽然军队对寿司不太感兴趣，但烹饪的鱼类却是另外一回事了。举例而言，在 2004 年，陆军在路易斯安那州文斯波洛的一家主营鸡肉和鲶鱼的餐馆消费了 5000 多美元。同一年，偏爱吃鱼的陆军在密西西比州利伯维尔一家主营牛排和鲶鱼的餐馆消费了 6500 美元，在路易斯安那州德昆西的一家主营鱼肉的餐馆消费了超过 7300 美元。但是，拿破仑曾经说过"军队要吃好才能打胜仗"，美国陆军也不能光靠吃鲶鱼补充营养。三明治对美军来说也是必需品，所以美军在路易斯安那州昆兹诺餐馆里消费了 13 845 美元。

在阿肯色州，军队同样在数个餐馆里花费了大量金钱，其中包括罗迪奥咖啡馆（3485 美元）、莫利餐馆（5400 美元）、安妮家族餐馆（8996 美元）、克里斯比塔科墨西哥烤肉店（19 283 美元）。尽管这些数字已经令人印象深刻，但同 2006 年军方在阿肯色州两家餐馆中花的钱相比仍大为逊色，当年军方在这两家餐馆花的钱超过了 42.3 万美元。同一年，五角大楼为了采购甜品就支付给阿肯色州一家冰激凌公司 790 万美元。

然而，阿肯色州的情况仅仅是军队在餐饮上大笔花费的冰山

一角。全国各地的诸多餐馆中都有军人的身影。2004 年的例子
包括：

犹他州洛根的库珀梅尔餐馆 10 878 美元

肯塔基州路易斯维尔的布里斯托餐馆 5026 美元

密苏里州独立城的伊戈尔伍德咖啡馆 5026 美元

田纳西州考文顿的佩里科斯墨西哥餐馆 4050 美元

亚拉巴马州法耶特的母亲厨房 3705 美元

南达科他州苏人瀑布木屋牛排店 2544 美元

2006 年五角大楼最钟爱的几家饭店包括：

得克萨斯州埃尔金市的城市咖啡馆 26 350 美元

北卡罗来纳州布特纳市的家庭餐馆 47 917 美元

路易斯安那州新奥尔良的鹈鹕咖啡馆 105 670 美元

虽然军方喜欢鲶鱼和墨西哥卷饼，但他们最爱的还是烧烤。
事实上，军方在美国各地都有钟爱的烧烤店——从得克萨斯州的
神枪手烧烤店到密苏里州的波斯佩特烧烤店，从田纳西州的皮格
维斯特烧烤店到华盛顿州的朗赫恩烧烤店。2004 年，陆军在烧烤
店花的钱多达 164 828 美元。在 2005 年和 2006 年，五角大楼仅
在田纳西州孟菲斯市的柯基烧烤店就花了超过 82 410 美元。

美国纳税人的钱被军队花在了烤鸡和烤肉上，五角大楼在这
方面花钱是毫不含糊的。当军官们前往国外出差时，他们也没有
忘记品尝国外的美食。他们光顾的餐馆包括荷兰的辛维尔德赫夫

餐厅（2004 年花费 2133 美元）、危地马拉的艾尔艾斯库多餐馆（2004 年花费 82 291 美元），最令人惊奇的是新加坡第一大道咖啡店，五角大楼 2004 年在这里的花费是 151 883 美元，2005 年是 216 646 美元，2006 年竟然达到了 310 776 美元——他们在这里吃了什么？

当然，军人吃得最多的还是美式餐食和肉类。例如，在 2004 年，军方在供应普通煎牛排、奶酪和大块牛排等食物的肖尼餐馆就消费了 8.2 万美元。吃了这些东西之后，军人还怎么跨越战壕或是从飞机上伞降呢？

美食的秘密

2004 年，五角大楼向加利福尼亚州洛马林达的秘密花园咖啡馆支付了 15.4 万美元。据打给秘密花园咖啡馆的一通电话显示，这家店已经不再是一家餐馆，而成为一家饮食供应公司，原因就是他们收到了"饮食及特殊事务服务公司"的大量订单。一位管理人员解释道：我们受到了大家的欢迎，原因就是我们使用的原料都货真价实（包括使用真正的黄油），我们做的甜品味道鲜美，我们只使用安格斯黑牛排。他们喜欢我们，我们用的苏打水都是名牌，而不会用一般产品。此人还表示：陆军预备役第 374 化学战连刚刚请我们公司来提供战后餐饮。他们提供的菜单包括炸鸡、土豆泥和肉汁、豆类、黄油玉米、新鲜水果沙拉、英格兰黄油玉米饼、苏打水、瓶装水、凉茶、饼干以及甜点小吃等。跟过去相比，军队今天的伙食是何等丰盛！

汤米·弗兰克斯转行

2003 年 2 月，《美国新闻与世界报道》在其网站上报道称：四星上将汤米·弗兰克斯据说很喜欢吃军用即食食品，但在能够自由选择时，弗兰克斯还是会去切维斯餐馆吃墨西哥料理。弗兰克斯与餐饮业打交道最引人注目的时刻是在 2002 年，当时任美军中央司令部司令兼驻阿美军司令的弗兰克斯与澳拜克牛排公司首席执行官克里斯·萨利文一起决定将 6700 块牛排、3 万只大虾、3000 个洋葱和 13 400 罐无酒精啤酒运往阿富汗，所有食品都将赠送给驻坎大哈的美军第 101 空中骑兵师的军人。此举导致媒体上出现了一些对澳拜克公司的负面报道，而弗兰克斯在做出退役决定后不久，即选择加入澳拜克公司董事会。到了 2005 年，媒体报道称，弗兰克斯每年能从该公司领取价值 6 万美元的现金和股票作为年薪。除此之外，弗兰克斯加入该公司董事会时还得到了价值 10 万美元的受限股票作为报酬。

多年来，复合体发挥的典型作用就像是军队与主要国防承包商之间的一道旋转门。弗兰克斯的举动或许使他成为一名先行者，他代表着复合体在新型军队中发挥的新型作用。这就类似于军队与饮食公司之间的旋转门一般。其他人可能会很快步弗兰克斯的后尘。2005 年 5 月，在弗兰克斯正式宣布加入澳拜克公司之后一个月，前四星上将、参谋长联席会议主席柯林·鲍威尔在国家餐饮协会年度会议上发表了主旨演讲。而查克切斯游乐场/比萨连锁店似乎也很乐意有一位高级军官加盟。事实上，在 2005 年，有人发现该连锁店的近 500 家店面都在放映一段五角大楼制作的军事影片，连锁店的一位发言人也承认这段影片"带有亲战争色彩"。

第十九章

明星与促销广告

《洛杉矶时报》曾于 2005 年末报道称，五角大楼秘密向伊拉克报社支付费用，要求报社刊登由美国军人撰写的文章，借此美化美军在伊拉克的军事行动。人们最终还发现，五角大楼与总部设在华盛顿的一家小公司签订合同（名为"林肯集团公司"，该公司 2005 年从五角大楼领取了 89.7 万美元佣金，2006 年领取了超过 69.7 万美元佣金），该公司的雇员及次级合同承包商（有些时候甚至是假扮记者）通过向伊拉克新获自由的媒体界支付报酬的方式换取将宣传资料当作新闻一样报道，而且刻意隐藏此类宣传活动与美国军方的关系。

在这一丑闻被曝光之后，五角大楼展开了调查，并最终得出"军方未实施不当行为"的结论。据《纽约时报》报道，五角大楼总检察长在报告中称，上述秘密计划并不违法，它不构成"影响其他国家内政的暗箱操作"。但汤姆·恩格尔哈特在 Nation.com 网站上撰文，表达了自己对"五角大楼究竟想要影响谁的观点"

这一问题的看法。他在文中写道，政府官员的目标永远是在国内赢得支持，这比其他任何事都重要。考虑到这一点，也许五角大楼雇佣林肯集团公司向伊拉克媒体投送乐观信息的目标不是为了影响伊拉克人，而是为了影响美国人。他们可能希望伊拉克的"自由媒体"被美国国内媒体认作可靠的消息来源。

以上秘密行动似乎只是五角大楼无休止的媒体战的冰山一角。在 2006 年 2 月，国防部长拉姆斯菲尔德对美国媒体提出批评，指责媒体从事反对军方的行为，包括借助恶意报道引导民众关注五角大楼／林肯集团公司的宣传计划。在随后的一个月，拉姆斯菲尔德又重提此事，他指责媒体"抹黑当前形势"，"犯下了一系列错误"，导致恐怖分子从中受益，而让那些希望在伊拉克取得胜利的人心寒。当年 4 月，拉姆斯菲尔德在参加脱口秀节目《鲁什·林宝秀》时声称，扎卡维、本·拉登、扎瓦希里等顶级恐怖分子都有自己的媒体委员会，他们不遗余力地想要操纵美国的媒体，他们很善于做这些事。他们操纵媒体的本事比美国人强。

听到拉姆斯菲尔德的上述言论，你可能会觉得"基地"组织操纵着世界上最庞大的媒体帝国，而美国军方却对媒体没什么影响力。据《华盛顿邮报》报道，拉姆斯菲尔德随后还发出呼吁，设立一个 24 小时运营的媒体行动中心，利用互联网、博客和卫星电视开展一场全方位的媒体战，以减少对传统纸质媒体的依赖，从而更好地服务于五角大楼的利益。

从拉姆斯菲尔德的表态中，你绝不会想到美国主流媒体巨头和重要消息来源都在从军方领取报酬。我们不能确定这些钱究竟用在了什么地方，可能只是用于广告，或者对涉敌消息进行监控，但军方愿意向主流媒体支付报酬这一事实至少值得记者关注。举例而言，据五角大楼文件显示，军方2002年向《华盛顿邮报》支付了上万美元，并向美国有线电视新闻网的母公司特纳广播公司支付了数十万美元。随后的一年，《华盛顿邮报》又从陆军那儿收到了上万美元，而海军则向路透社支付了近10万美元。2004年，陆军向《纽约时报》支付了上万美元，而空军则向美国公共广播公司支付了近10万美元，这些都是美国纳税人的钱。

2005年，五角大楼仅向《洛杉矶时报》和纽约《今日新闻》的母公司《论坛报》公司支付的费用就达近10万美元。五角大楼还向美国广播公司支付了大约100万美元，并向国际媒体公司皮尔森公司支付了超过180万美元，其中包括定向支付给《经济学人》杂志的近10万美元。五角大楼还向国家报业出版协会支付了近10万美元，这个协会是由遍布美国的200多家黑人社区报纸所组成的机构，成立已有65年之久。

有些人可能已经知道，在2006年，五角大楼向默多克旗下的新闻出版公司支付了50多万美元，《华盛顿邮报》公司、《论坛报》公司、路透社、纽约《每日新闻》都在从五角大楼领取报酬。当年10月，《纽约时报》发布了一幅整版的广告，广告画面中是身着军装的军人，这也暗示《纽约时报》将与国防部国民警卫队和预备役人员招募机构、美国劳军联合组织以及美国退伍军人协会合作，共同组织人才招聘活动。显而易见，就算国防部对媒体界心有不满，他们仍在继续与媒体做着金钱交易。

这可能有点让人不好理解，但更让人不好理解的事还在后面。事实上，五角大楼自己就运营着一个庞大的媒体帝国。当谈到军方媒体时，人们的第一反应可能是《星条旗报》，原因是《星条旗报》诞生于"二战"期间。今天《星条旗报》仍在出版，其服务对象是美国军方、国防部民事雇员、合同承包商以及上述人员的家人。据该报自己的统计，《星条旗报》在军方媒体当中地位特殊，因为该报不受各种审查的限制。对五角大楼的媒体机器了解越深入，这一点就越发重要。陆军在世界各地的基地发行着数十份报纸，这些基地包括阿富汗巴格拉姆、日本的座间等。陆军发行的报纸包括《顾问报》《阿拉斯加邮报》《美国奋进报》《阿伯丁理想之地新闻》《陆军飞行员报》《陆军预备役》杂志、《兵器之声》《稍息》《阿祖乌尔》《旗帜》《巴伐利亚新闻》《事实》《贝尔沃之鹰》《蓝魔》《蓝岭》《俄亥俄州人卫报》《服役纪事报》《炮兵》《炮塔》《城堡评论》《冲锋》《棋盘》《公民》《指挥所》《社区报告》《星座》《军队思考》《对策》《逆流》《沙漠之星》《沙漠之声》《区域》《区域观察》《战壕快报》《猎鹰》《艾尔摩洛》《工兵新闻》《环境新闻》《精神》《猎鹰飞行员》《冷杉》《旗舰》《燃烧的刺刀》《闪电》《飞行传真》《航线》《城堡记事》《城堡邮报》《城堡领袖》《利文沃斯堡之灯》《城堡巡游者》《莱利兵营邮报》《自由观察》《前线》《佐治亚卫兵》《环球》《金色橡树果》《秃鹫》《灰熊》《卫兵细节》《卫兵报》《军事工程》《卫兵时报》《卫报》《旗手》《夏威夷陆军》周刊、《上游之光》《先驱邮报》《先驱者联盟》《节点》《印第安人之首》《情报和保密司令部》周刊、《炮塔之内》《艾奥瓦民兵报》《伊拉克重建新闻》《钢铁侠》《肯尼之信》《夸贾林沙漏》《小石城新闻》《麦卡莱斯特陆军兵工厂新闻》《麦克菲尔斯新闻》《医疗通讯》《水星》《早报周刊》《山地守卫者》《纽约地区时报》《新闻导读》《新闻城堡》《西北卫兵》《展望》《前哨》《太平洋评论》《五角星》《凤凰》《平原卫报》《观点》《详察者》《前景》《公共工程文摘》《普鲁卡》《伐木人》《斗牛犬》《红石火箭》《河畔》《巡游者》《信号报》《沉默之声》《标准》《条状地带》《塔希尔民兵》《第19分队》《泰福特电讯报》《托比哈那记事》《纪念碑》《城楼时报》《三位一体》《图尔沙记事》《攀登》《声音》《韩国之声》《沃尔克卫兵》《勇士》《车轮》，以及《美国工程兵》等。

陆军还有自己的杂志《战士》（陆军其实还有《陆军》杂志，这本杂志是美国陆军协会主办的，但该协会声称自己是非官方、非营利性的支持陆军的教育机构）。海军陆战队也有自己的杂志，名字就叫《海军陆战队》，海军杂志名叫《船员》，空军预备役杂志名叫《公民飞行员》，国防后勤局杂志名叫《领域》，而这些只是众多官方和半官方军队杂志的一小部分。

但如果你认为这些出版物只是定期向受众们灌输虚假消息，那你就错了。军事新闻报道由官方批准、控制和审查，这是当局进行的大规模公关活动的核心内容，这类公关活动也通过主流媒体面向普通民众展开。为了实现上述目的，军方通过类似"士兵新闻服务"等计划来推动对内宣传，在该计划中，陆军公关部门的官员主动与媒体接触，向他们介绍与士兵相关的趣事，而这些士兵都是近期从国际反恐战场返回国内的。如陆军承认的那样，这样做的目的就是扩大这些故事的影响，让它们能够走出社区，成为地区乃至全国性媒体的头版头条。

除了主动做工作把官方批准的消息发布到非军方报纸上之外，军方还掌握着一个在线媒体帝国，它由数十个宣传性网站组成，其中包括 Navy.mil、海军陆战队的 USMC.mil 和 GoArmy.com 以及国防部自己的网站 Defenselink.mil 等，每个网站都担负着向公众及主流媒体推送新闻的任务；他们掌握着丰富的消息来源，还有各类新闻通讯稿、媒体意见、内部消息、访谈记录、新闻发布会、照片、幻灯片等内容作为补充。此外，不要忘记还有"号称进行客观报道"的美军新闻局的存在，这个机构由五角大楼美军信息局管理，主要负责发布内幕性文章，用于介绍国防部各类计划的目的和影响。

五角大楼还秘密地经营着多个新闻网站，这些网站看起来像是民间网站，让人不会想到它们与美国军方有关。其中包括 Magharebia.com 和《东南欧时报》网站等，它们乍一看都是民用新闻网站，但如果你详细阅读网站的免责声明，你就会发现它们都是由美国国防部赞助的。

五角大楼还拥有自己的电视新闻网——国防部电视频道，该频道每周 7 天全时段播送节目，各州的有线电视及卫星电视频道都可以接收到这个台，在国外，通过美军广播电视服务商或通过全球网络广播服务也能收到这个台。作为美军不遗余力开展的宣传活动之一，该频道对外宣称其节目内容包括国防部新闻、军事新闻、对国防部高官的采访、与军队相关的小故事等，目的就是加强国防部与民间的联系。

各军种也逐渐成为电视节目的主题。举例而言，海军/海军陆战队新闻也成为一档上星节目，它通过卫星以及录像带等方式向世界各地驻守的海军及海军陆战队部队传播；海军声称，播送该节目的商业有线电视频道超过了 320 个，这令很多军人家属、预备役人员、退伍军人以及对美国海军感兴趣的平民都有机会看到这档节目。在这方面，陆军也是不甘落后，他们制作了"士兵广播电视频道"。

此外，国防部还经营着美国军队广播电视频道。该频道的前身是美军在"二战"时期经营的军队广播电台。美国军队广播电视频道的任务是向内部人员传递五角大楼的信息。该频道所属的军队网由美军广播中心（国防媒体中心的一部分）负责运营，其地址位于加利福尼亚州河滨郡的马奇空军后备队基地，共提供7套独立的电视节目，包括：

军队网总台：事实上分为两套节目，一套服务于驻欧洲的美军部队，另一套服务于驻亚洲的美军部队。该台作为美国电视网的附属频道，其节目包括美国肥皂剧、游戏和脱口秀、连续剧、歌剧、真人秀、电影以及夜间访谈等。

军队网辅助台：提供与总台互为补充的节目，包括网络真人秀、热剧重播等，以便为军队中的挑剔者服务。

军队网新闻台：播送从美国广播公司、哥伦比亚广播公司、美国有线电视新闻网、微软全国广播公司、美国国家广播公司，以及美国公共广播公司采录的节目，该台利用民间电视台的节目为其宣传目的服务。

军队网体育台：播送从福克斯体育频道、ESPN、FX、速度、特纳广播公司、TNT、美国广播公司、哥伦比亚广播公司、国家广播公司和福克斯电视台采录的节目，内容包括职业棒球联盟、美式橄榄球联盟、全国汽车比赛协会、国家冰球联盟、全美大学生篮球联赛和高尔夫锦标赛等体育节目。

军队网家庭台：主要面向 2~17 岁的少年儿童播送节
目，其节目主要从各广播电视台及有线电视频道中采录，
目的是向儿童们宣传美国文化（即便他们身在国外）。

军队网电影台：主要播送各类电影节目。

军队网特别台：特别设置的频道，主要播送摔跤等
体育节目、脱口秀节目、电子游戏节目，以及青年文化
节目等。

上述频道可供驻全球 177 个国家和地区的军事人员观看。

除此之外，美国军队广播电视频道还经营着一个广播网，该
广播网播出的内容来自美国广播公司、哥伦比亚广播公司、美国
有线电视新闻网、ESPN、福克斯公司、国家公共广播公司、美
联社广播网、卓越广播网、威斯特伍德一台、琼斯广播电台、美
国无线广播电台、美国广播网以及军队网的新闻台和两个体育评
论频道等。

尽管上述广播电视台的活动已经足够令"右翼"传媒大亨默
多克眼馋，但这还只是军队媒体帝国的一小部分。除了它们以
外，军队还掌握着很多私人机构、老兵协会、有相同认识的前沿
组织，以及迎合军队的人所推出的多种出版物。其中包括空军协
会出版的《空军》杂志、国民警卫队协会出版的《国民警卫队》
杂志，以及国外参战老兵协会出版的《VFW》杂志等，它们与其
他诸多出版物一起构成了一个庞大的宣传机器。

但是，最能令人感受到"军队媒体机器规模庞大"的事实就
是，仅从陆军领取酬金的广播类媒体就有 20 种，此外还有 20 种
不同类型的纸质媒体。

2006 年 8 月下旬，在布什政府批评媒体对美国在伊拉克军事行动报道的同时，《华盛顿邮报》著名国家安全事务记者沃尔特·平库斯（此人承认在早年做专栏自由作者期间曾获得过中央情报局的资助）呼吁大家关注五角大楼提出的一项竞标，这是一份为期 2 年、价值 2000 万美元的公关合同，内容是对美国和中东媒体进行全面监控，以便提升对涉伊拉克新闻报道的"积极性"。仅从表面来看，实现上述目标值得五角大楼付出大笔资金。

第二十章

军事-企业-会议复合体

如果你在想，到哪儿才能和一位真正的空军将领握上手，或是到哪儿才能和联邦调查局的情报官员说悄悄话，或是到哪儿才能和众议院军事委员会的成员谈谈坦克配件问题，其实，合适的地方就在华盛顿特区的某个大酒店里。

虽然很少有人提及，但是由企业资助的有要员参加的会议越来越多，这些要员要么来自美国军方和情报界，要么和军方及情报界有关系，只要肯花钱，你就能和他们见上面（通常需要1500美元）。

在军事-企业-会议复合体中发挥重要作用的就是国防与政府推进协会。该组织声称，其工作目标是促进公共部门及国防领域的观念创新。为了实现这一目的，该组织创造机会让军事及政府专业人士与来自军队、政府及防务企业的决策者们会集一堂。在这种场合，军队高级将领和企业人士可以在整个周末开展亲密接触。

举例而言，2006 年 2 月 28—3 月 1 日，国防与政府推进协会组织了一系列的会议，其中包括"精确打击 2006"会议。这次会议为期 2 天（第 3 天是可选择参加的活动，名叫"焦点日"），举办地点在华盛顿特区的喜来登酒店。按照会议寄发的请柬所言，参会人士将能见到与精确打击能力、技术和系统相关的军方高官和重要企业负责人。只要缴付 999 美元（参加"焦点日"需要另付 500 美元），参会的企业管理者就能见到以下军方官员：艾格林空军基地军械中心司令杰弗里·瑞梅尔少将；空军部长办公室负责全球力量计划采购事务的大卫·艾丁顿少将；负责精确打击能力事务的国防部助理国务卿帮办约翰·威尔考克斯；联合参谋部负责目标事务的副主任丹尼尔·约翰逊上校；宾夕法尼亚州共和党籍众议员科特·威尔顿（战术空军和陆军分委员会主席），以及其他军政要员等。

在国防与政府推进协会于 2006 年 5 月 22—24 日举行的"地面作战车辆"会议上，科特·威尔顿再次现身并做了主旨演讲。参加此次活动的还包括来自陆军和海军陆战队的高级将领，来自宾夕法尼亚州立大学（2006 年从国防部拿到了 1.35 亿美元）及佐治亚州理工学院（2006 年从国防部收到了 5800 万美元）的军事学术界知名人士，以及西点军校前教授弗雷德里克·卡甘（目前在"右翼"的美国企业研究所担任常驻学者）等。

2006 年 4 月，国防与政府推进协会组织了为期 3 天的"军用机器人"会议，协同举办会议的包括 iRobot 公司、移动机器人公司（一家既制造军用机器人也制造民用机器人的公司）、诺斯罗普·格鲁曼公司、福斯特-米勒公司（一家工程和技术研发公司，其用户包括多个国防承包商以及美国海军等）。在此次会议上，人们可以见到的要员包括在私营企业工作的退役军方人员、来自陆军和海军的现役军官、来自国防高级研究计划局的项目负责人、来自麻省理工学院和加州理工大学的学者，与会者还可以参加各类展示活动，其主题包括"用于支持海军作战的无人系统技术研发""用于武装侦察的无人地面车辆"等。会议闭幕式上还有非常科幻的展示活动（其创意可能来自电影《终结者》）：可用于作战的配备了最新型武器的机器人。

尽管在1月份举行的"网络中心战2006"会议上，人们看到了多位重要人士，包括前参联会主席理查德·迈尔斯、前美国首席大法官约翰·阿什克罗夫特等，但是，2006年春季最为重要的一次军事-企业复合体的活动却是当年5月举行的"2006年地理空间国防情报会议"。此次会议在弗吉尼亚州阿灵顿的威斯丁·阿灵顿宾馆举行。会议由"环球商业研究组织"承办，该机构声称自己专门负责组织专业程度极高的会议，以促进非正式的信息收集活动和网络创新活动。此次会议为期3天，与会者包括一些军事-企业复合体中最为重要的人员，会议目的是"推动各部门地理空间情报的无缝整合，以为作战人员服务"。

事实上，"2006年地理空间国防情报会议"提供的是一次与来自中央情报局、联邦调查局、国防情报局、陆军、海军、空军、海军陆战队及其他相关机构的代表不受约束地接触的机会。会议尤其强调的是，所有与会者都机会均等，他们都可以与国防部、联邦及私营情报机构负责人接触。此次会议的赞助商都是军事-企业复合体中的重要成员，包括微软公司、BAE系统公司（2006年排名第8的国防合同承包商，合同金额达47亿美元），以及硅图公司（五角大楼最中意的合作伙伴之一，为海军水面作战中心弹头性能及目标反应部门提供装备）等。会议划分为多个阶段，其中一些阶段的会议由 15 名现役海军或陆军上将主持，主持会议的还包括当时在五角大楼工作的重要民事人员（如负责情报事务的副国防部长史蒂芬·坎伯恩博士、负责国防设施的副助理国防部长帮办查克·威廉姆斯等）和来自情报界的要员（如联邦调查局首席情报官扎尔·阿兹米、中央情报局情报主任约翰·克林根）。会议的宣传册上除了印有参会要员的头像外，还印有一张照片，照片中一位身着军装、手中端着酒的军官被一群西装革履的人士包围，并印有"欢迎参加鸡尾酒会，在这里你可以放松心情并和重要人员面对面接触"的字样。宣传册上还标有参会票价：1498 美元。

如果国防与政府推进协会网站上的介绍能够给我们一点线索的话，那么这种付钱参加的社交会议就是给复合体的核心成员留下良好印象的重要机会。以下是一些参加者的看法：

> 这是一个增长见识的好机会，能够向如此多的国防部及其他部门高层人员讲述网络中心战真是太棒了。
> ——雷神公司首席工程师艾德温·李
> 时间安排得很好。从国防部多个部门了解到各方面的事情令人兴奋。能够让人学到很多东西。
> ——波音公司管理人员凯文·福格蒂
> 我们的目标：变得出色。
> ——罗克韦尔·科林斯公司首席工程师佩里·加莱特

另有一位不愿意透露姓名的参加者评论道，这些活动太棒了，绝对值你付出的金钱。

军事-企业-会议复合体只是一套相互强化的体制的一个层面，正是这种体制使复合体日益巩固。它提供了一个机会，使得军方高官能够与企业代表联系，也为军方高层人员退役（可能是从参联会主席或军种负责人岗位上退役）后进入企业工作做好了铺垫。它也给了军事-企业复合体的巨头们一个展示自己并与他们的崇拜者见面的机会，也使他们有机会与军界和国会要员接触。这类会议就像是通往军事-企业复合体后台的一张通行证，在这种情况下，国防与政府推进协会就像剧场中的技术人员，只要你付点钱，他们就能带你去后台与乐队接触。

第七部分

为未来提供武器

2007 年，国防高级研究计划局开始向科技界寻求建议，以制造所谓"化学机器人"，这种机器人身体柔软，可塑性强，如果研制成功，它可能更类似于"冈比"而不是《星球大战》中的R2D2。推动该项目的理念非常简单，据国防高级研究计划局表示，进入一个建筑的入口通常都很小，如墙上或门下的缝隙等。在未来的城市作战中，金属或其他硬材质制造的机器人无法满足作战需求，机器人需要由足够柔软的材料制造，这样它们才能既通过狭小的入口进入建筑物，又有足够的体型来运送作战所必需的负荷。

化学机器人有能力感知通道的形状并随之变形，这听起来有点像电影《终结者2：审判日》中的液体机器人T-1000，这种机器人在电影中与施瓦辛格扮演的老式机器人展开了激烈战斗。不仅如此，国防高级研究计划局还从大自然中寻找灵感，他们盯上了老鼠、章鱼和多种昆虫，这些生物都能够穿过十分狭小的空间。科学家们正在努力工作，以确保五角大楼未来能够掌握一支机器老鼠和机器飞蛾军团，外加可变形的"冈比"式化学机器人。在不远的将来，这些小东西将从天上、地上一起伴随真正的美国军人作战。这是一种非常大胆的设想，但五角大楼拥有足够多的计划来实现它。

第二十一章

武器实验室

自从发明武器开始，人类就一直试图不断提升武器性能。从"二战"起，在武器研发方面，美国就一直在全球独占鳌头。在"创伤弹道学""快速失能武器"及"杀伤机理"等"杀伤科学"问题的研究方面，美国已经将世界其他国家远远甩在了身后。

早在 1965 年，《纽约时报》的杰克·雷蒙德就曾经写过一篇名为《越南成为美国战争试验场》的文章，当时，有多名美国军队指挥官公开做过类似表述。正如曾任参联会主席和美国驻南越大使的马克斯韦尔·泰勒将军所言：我们已经意识到，越南作为一个试验场发挥着重要的作用。我们派有专人前往当地研究此类游击战的装备需求问题。但正如杰克·雷蒙德指出的那样，很多美国官员不愿意做出此类表态，以免被人视为纳粹行为——30 多年前，纳粹德国曾经把陷入内战的西班牙作为武器和战术的试验场，随后还将这些武器和战术运用到"二战"当中。近年来，美国军方更是不愿明确表示把哪个地方作为现成的武器试验场，但毫无疑问的是，美国近期的几场战争（从 1983 年入侵格林纳达到 2003 年的伊拉克战争）无不被军方及军工企业作为试验场以提升武器装备的性能。

军事分析人士威廉·阿肯曾于 2004 年在《洛杉矶时报》上撰文指出，派往伊拉克部署的海军陆战队携有当时美国最先进的高科技武器装备，以在负隅顽抗的伊拉克军人身上试验其效果。"远程声学装置"能够发射强力声波，给听到声波的人造成难以忍受的痛苦。该装置由美国技术公司研发，但该公司总裁伍迪·诺里斯却不愿称其为"武器"。诺里斯表示，这种装置只能做到让人因无法忍受而跪倒在地。但威廉·阿肯还是问了一个今天很少有人会问的问题：在外国进行的战争是否适于试验新型武器？

军方及军工企业显然认为这个问题的答案是肯定的。随着人们对越南战争的恐惧日益消散，越来越多的新型武器被送上战场试验、改进和完善，整个世界似乎都成了军事-企业复合体流水线的一部分。举例而言，美国技术公司在 2006 年发布的新闻稿中引述驻伊拉克海军陆战队、陆军、海军部队使用报告的内容表示，"远程声学装置"发射声波来影响人类行为的性能已经获得了令人满意的验证。

其他武器也经历了类似的研发过程。在 20 世纪 90 年代中期，巴尔干地区成了"捕食者"无人机的试验场，该无人机主要执行情报搜集任务。虽然该型无人机的制造商通用原子技术公司（原为通用动力公司的一部分）在 1994 年 1 月才拿到"捕食者"的相关合同，但到 1995 年，第一代"捕食者"无人机已经开始在波斯尼亚的天空中翱翔。随后这种无人机又在科索沃被使用，到了 2001 年，该型无人机上已经开始装备"地狱火"激光制导导弹。"捕食者"无人机的作用也越来越明显。2001 年 2 月，它在一次试飞中首次成功试射所携带的导弹。当年晚些时候，经过升级并配备了武器的无人机开始在巴尔干执行任务，随后又前往阿富汗部署，以在真实作战环境中测试其性能。到 2002 年，装备有"地狱火"导弹的"捕食者"无人机开始在也门执行"搜索—识别—猎杀"任务，在那里，该类型无人机袭击了一辆民用车，车上 6 名疑似"基地"组织恐怖分子丧生。2006 年，在巴基斯坦执行任务的一架此型无人机击毙了 4~5 名外国极端分子，但也造成 13~18 名平民丧生，其中包括妇女和儿童。据空军少校拉塞尔·李透露，今天，此型无人机已经在伊拉克、阿富汗和其他一些地方部署，我们在世界多地的空中都能看到它的影子。

2007 年，又有一种型号的无人机被送上战场进行试验——它就是"死神"。这型无人机大小如同一架喷气式战斗机，安装有涡轮发动机，具备察打一体功能。每架无人机可携带 1.5 吨炸弹和导弹。美联社报道称：该类型无人机构成了世界航空史上首个机器人攻击中队，它的部署是一个分水岭——即便是在伊拉克这个出现过很多新式猎杀武器的地方也是如此。事实上，"死神"无人机首先在阿富汗进行实战测试，随后才被派往伊拉克部署。在伊拉克和阿富汗，它们的部署都是武器杀伤性能方面的一个飞跃。"死神"无人机在飞行高度和速度方面都达到了"捕食者"无人机的 2 倍，"死神"无人机能够携带约 14 枚"地狱火"导弹，而"捕食者"无人机最多能携带 2 枚。这也就难怪在 2007 年 5—8 月，五角大楼与通用原子技术公司签署的涉及该型无人机的合同价值就达 2.91 亿美元（此前一年，该公司从五角大楼拿到了

6.69 亿美元）。

在"捕食者"和"死神"先后被派往伊拉克部署的同时，人称"炸弹之母"的巨型超级炸弹（重达 21 500 磅）也在 2003 年 3 月对伊拉克开战前后进入公众视野，虽然人们都知道当局为了将其用于实战而加紧了准备工作。如英国广播公司报道，该类型炸弹（威力比美国排名第二的炸弹高出 40%）先在目标周围形成可燃物气团，然后再将气团引爆，能够造成威力巨大的爆炸，专家称，其当量类似小型核武器。

对"炸弹之母"的制造者空军研究实验室而言，最不幸的就是美军短期内就攻占了巴格达。尽管在 2003 年 4 月，技术人员已经准备好了一枚该型炸弹供使用（此前已在佛罗里达州艾格林空军基地进行了试验），并已将其送往伊拉克的一处秘密基地，但这种炸弹还是没能赶上正式使用。据报道，自那之后，这种炸弹一直被储藏在伊拉克，以便哪天能够在某个国家试用。

2007 年，比"炸弹之母"更引人注目的武器出现了，这就是波音公司研制的巨型钻地炸弹。当年 10 月，政府要求投入 3 亿美元（作为总统申请追加的 423 亿美元伊拉克和阿富汗战争拨款的一部分）专门研究包括这种类型炸弹在内的武器装备。据称，该型炸弹重 3 万磅，能够击穿厚达 200 英尺的混凝土地堡。

在越南战争期间，美军试验了多种尚不算成熟的高科技武器系统，包括被时任国防部长罗伯特·麦克纳马拉称为"电子战场"的多型传感器和各类地雷，以及搜索人员的各类装置（从活的昆虫到化学机械装置等）。但这些装置在战场上都未取得令人叹服的试验结果。然而，也有武器在越南战场的试验中取得了令人瞩目的成功，其中就包括 M-16 步枪以及新一代的人员杀伤弹药（如先进的集束炸弹和凝固汽油弹等，这种炸弹造成的燃烧时间更长、温度更高）。基本上，能够在战场上试验的武器都被送上了战场。

然而，由于民众反战情绪的上升，军方还是被迫要去衡量什么样的武器才能投入使用。在涉及化学毒气、凝固汽油弹和落叶剂等问题时，军方更是感受到了民众反对意见的压力。今天，军方的态度明显强硬了很多，对于军方在各类战争（包括久拖不决的国际反恐战争）中试验武器一事，社会上的反对声音几乎听不到了。军方在这些战场上试验的武器包括军事-企业复合体研制的各类无人机、超级炸弹、音波武器等。得益于近年来几届政府不停地参与冲突、战争和各类干涉与打击行动，以前的一些禁忌今天也变得令人习以为常。事实上，在讨论国防部一名高官的言论时，美军新闻局的杰里·吉尔摩就曾用越战期间的一个表述来为使用"远程声学装置"辩解，他指出："这是为了让人们对21世纪的军事行动心悦诚服。"而这一表述并未引发民众的强烈反感。

值得一提的是，当年在越南战争中使用过的一些化学毒剂今天在美国国内仍在使用，只是它们被用来对付美国街头和大学校园中的示威者。很多军事技术一样被用来对付美国的民众。例如，纽约警察局就准备使用"远程声学装置"来对付2004年共和党全国大会期间在纽约聚集的示威者。2005年，这种装置还被运送到"卡特里娜"飓风的受灾地区，以管控聚集的人群。2006年，这种装置又被送到了美国边境巡逻队员的手中。现在看来，美国当局拿这些先进技术来对付本国民众将会变得日益普遍。

第二十二章

国防高级研究计划局设计的超级武器

1957 年 10 月，苏联发射了首颗人造地球卫星，这个篮球大小的东西打了美国一个措手不及，美国政府为此深感担忧。苏联不仅比美国预想的时间提前几年试爆核武器，还在太空竞赛中领先了美国。作为回应，美国国防部同意为美国新的卫星计划拨款，该计划由前纳粹火箭专家、党卫军军官冯·布劳恩负责；1958 年，国防高级研究计划局应运而生。设立该机构的目的就是确保美国能够始终先于其他国家把最先进的科学技术应用到军事领域，避免对手在技术领域超过美国。

半个世纪后，美国成了世界上唯一的超级大国。但服务于军备竞赛的国防高级研究计划局却依然热度不减。世界上能够与美国争夺领先地位的国家几乎已经不复存在，最接近美国的国家就数中国了。但中国 2007 年国防支出据报道仅有 450 亿美元（按国防部的估计也只有 850 亿 ~1 250 亿美元），而美国的国家安全支出已经接近每年 1 万亿美元。2003 年，中国将首位宇航员送入太空，而美国仅在武器研发方面投入的资金就相当于很多国家全部的国防支出。在这种情况下，国防高级研究计划局依然顽强地坚持为 2025—2050 年甚至更远的将来研发高科技武器系统，其中有些东西倒是中规中矩（如超音速轰炸机），但另外一些东西却十分怪异。

2003 年，《洛杉矶时报》记者查尔斯·皮勒报道称，国防高级研究计划局已经开始围绕政府一些非常愚蠢的想法来开展研究，其中包括所谓的"机器大象"（当然已经无法在越南的丛林中去试验它了）和"心灵感应"研究（这一研究也可能无法给美国提供开展"精神间谍活动"的能力了）。如国防高级研究计划局前任局长查尔斯·赫兹菲尔德在 1975 年所言："我们会在很多时候面临失败。"目前情况仍是如此。据国防高级研究计划局现任局长安东尼·提瑟（此人曾经在应用科学国际公司和 Loral 公司等大型国防承包公司工作）透露：国防高级研究计划局的项目中有 85%~90% 无法完全实现预期目标。但即便如此，查尔斯·皮勒还是指出：国防高级研究计划局参与了当今世界最为革命性的一些创新活动，其中包括互联网、全球定位系统、隐形技术和鼠标等。

国防高级研究计划局项目的失败率高，但也取得了引人瞩目的成就，这与他们从事的高风险研究工作有关。多年来，国防高级研究计划局的工作几乎涉及所有科技领域，他们投资的项目要么面临极大困难，要么就极度超前。这个机构是美国政府中最具创造力的地方，如果一位科学家想把自己的思维能力发挥到极致并且赚到一笔不菲的收入，那么这里绝对是最恰当的地方。如果你有一个疯狂的想法，那么国防高级研究计划局可能就是让你梦想成真的地方。哈佛大学病理学家唐纳德·英格贝尔曾于2001年指出，国防高级研究计划局开展的项目对很多人而言荒谬不堪，有些人认为这些项目不可能实现，但国防高级研究计划局却能将它们变成现实。

我们只有一个警告：无论方式如何，也无论投入了多少精力，国防高级研究计划局的每个项目可能最终会直接或间接地导致世界上某个地区的人员伤亡。因此，他们的项目常常是人们所听过的最为致命的一些研究。多年来，国防高级研究计划局的研究催生出诸多致命武器，其中就包括M-16步枪、装备"地狱火"导弹的"捕食者"无人机、隐形战斗机和轰炸机、火箭炮系统、"战斧"巡航导弹、B-52轰炸机（改进型）、"泰坦"导弹、"标枪"便携式导弹和"铜斑蛇"激光制导炮弹等。

但很少有人问的一个问题就是，为什么这些创新技术都被用于制造杀人的武器（或间接地用于提升军事能力）。美国坚定而孤独地在冷战后军备竞赛之路上越走越远，其原因不可能是担心"导弹差距"，或是担心敌对国家的技术能力威胁到美国，也不可能是担心自己的技术能力会落后于世界其他国家。这一点看看美国的教育现状就能知道。在联合国儿童基金会2002年列出的一份工业化国家儿童受教育情况清单上，美国在所有24个国家中排名倒数第7。2003年，美国儿童的数学成绩在29个工业化国家中仅排名第21位。就算这样，也没见有谁急着建立一个"高级教育研究局"。

中央情报局发布的世界年鉴显示：美国是因燃烧化石燃料而排放二氧化碳最多的国家，但美国环境保护署下设的国家环境创新中心的地位与国防高级研究计划局相比却有着天壤之别。举例而言，在 2007 年，国家环境创新中心只为 7 个创新项目投入了 162 万美元。与此相比，国防高级研究计划局每年为约 200 个项目投入近 30 亿美元，这些项目从人员能力提升到无人机研究，几乎无所不包。政府不愿为科学家们进行的环境保护项目投入资金并不意味着政府无意开展环境研究。事实上，国防高级研究计划局正在投资相关项目，以实现将大自然"武器化"。

越南战争时期，当局就曾开展过"机器大象"研究项目，近期，当局又在为陆军研发名为"大狗"的机器犬，这些项目都表明，国防高级研究计划局似乎热衷于开展"与动物有关"的研究。近期该机构开展的能够让人联想到大自然的研究项目还包括：

"鸬鹚"项目。该项目主要进行不携带武装的无人机研究，以验证从海上在没有航母支援的情况下部署无人机的可行性。

"猎鹰"项目。该项目主要进行高超音速技术的研发和展示，从而借助可重复使用的超音速巡航载具来提升美军的全球抵达能力。该型载具可携带重 1.2 万磅的载荷，在 2 小时内飞行 9000 海里（从美国大陆起算）。

"蜂鸟勇士"项目。该项目的内容是研制可像直升机一样垂直起降的无人机。

"水虎鱼"项目。该项目内容是提升潜艇攻击难以捕捉的陆上和海上目标的能力。

"熊猫"项目（即"海上部署活动预见性分析"项目）。该项目的内容是通过日常的活动来定位可能威胁己方安全的敌方舰艇。

"海象"项目。该项目的内容是研发大型空中运载平台,有能力将约 500 吨的载荷运送到全球任何地区。

"黄蜂"项目。该项目的内容是研发手抛或弹射起飞的微型无人机,其重量不超过 200 克,翼展约 12 英寸。

"狼群"项目。该项目的内容是研发小型分布式部署的地面传感器,用于发现、识别和阻断敌方的通讯联络。

国防高级研究计划局开展的令人联想到自然环境的项目还包括在"大树"项目之下开展的生物飞行器研究,这个项目听起来非常"绿色",但其实质内容却是进行小型无人机研究。此类无人机能够飞越丛林、山岭并在城市中盘旋,以发现敌军踪迹。该机构开展的另一个项目名为"森林",其名称同样非常"环保",但内容却是设计和制造一套整合式的侦察系统,该系统能够发现并追踪至少 30 千米外在树丛中活动的敌军士兵和车辆。

利用自然界的生物为其项目命名只是军方开展的诸多活动之一。事实上,军方乐于利用各种生物为其服务,其中包括陆军使用的护卫犬以及海军训练的用于搜索水雷的海豚,此外,国防高级研究计划局还热衷于使用其他方式进一步利用哺乳动物。其中一种方式就是借助"生物革新项目",其目的是掌握和发挥生物学的潜力,使美军的人员和装备发挥更大的效能。

驱鼠怪人和他的疯狂小伙伴

杀人蜂

多年来，人们一直警告非洲杀人蜂正在入侵美国，然而在2002年，国防高级研究计划局却决定利用这些杀人蜂为军方服务。他们启动了相关计划，以利用经过训练的蜜蜂来执行搜索爆炸物或定位其他敏感目标的任务。自那之后，国防高级研究计划局开始建立昆虫数据库，并加大工作力度以研究如何利用地方性昆虫来收集特定地域的环境信息。该机构声称，其已在国内和国外对这些地方性昆虫在重要行动中的表现进行了系列试验。他们会在什么时候开始把昆虫当作一种武器呢？除了老旧的"毒刺"导弹之外，我们将来可能真能看到军方把蜜蜂的毒刺当作武器。

鱼眼的作用：110600

国防高级研究计划局还设立了"生物光学合成系统"计划，该计划的目的是研究新型的生物光学理念，以用于提升军事装备（如无人机和导弹制导装置等）上的光学系统。该计划的项目之一就是"结晶体鱼眼镜头"。

生物与空中伪装

根据国防高级研究计划局2003年的战略计划，受该机构支持的学者正在研究壁虎爬墙的原理以及章鱼伪装的原理，目的是找到物体移动和高度适应性伪装的新途径，其基本的思路就是让大自然来引领新的工程技术研究。想想未来带有喷墨设备和吸盘的蛙人吧！

遥控机器鼠和机器飞蛾

2002年，国防高级研究计划局的研究人员展示了一项新技术：他们用便携式电脑就可以遥控一只大脑中植入了电极的老鼠。2003年和2004年，国防高级研究计划局"生物机器人计划"的研究者们开始关注老鼠、鸟类和昆虫在执行五角大楼感兴趣的任务时的表现，这些任务包括搜索某处山洞或是秘密布设传感器等。到了2006年初，国防高级研究计划局又呼吁各方提出有关制造生物机器人的技术研发建议，可能的方法之一就是将微型芯片在昆虫变形的早期植入其体内。其发布的文件显示，国防高级研究计划局对飞行昆虫（如飞蛾和蜻蜓等）尤其感兴趣，但他们也能接受可植入微型音视频传感器的跳跃类或水生昆虫。2007年，又有消息称国防高级研究计划局正在培育甲虫机器人。

英国《泰晤士报》在2007年的一篇文章中透露，不远的将来，人们可以在成茧阶段给飞蛾植入电脑芯片，从而通过遥控方式控制飞蛾的神经系统。这种机器飞蛾（国防高级研究计划局称其为"微型电子机械系统"）可飞入民众家中、军事基地里，或是其他任何五角大楼感兴趣的地方执行间谍任务，并将视频或其他数据传回总部。麻省理工学院计算机科学及人工智能实验室主任鲁尼·布鲁克斯表示：这将在未来成为现实。该实验室就在进行相关项目的研究。事实上，这项研究可能已经取得了成果。当年晚些时候，《华盛顿邮报》曾报道称，在2004年，有人曾在政治抗议活动现场发现了一些被怀疑装有间谍设备的蜻蜓，人们认为这些"昆虫间谍"可能是由国土安全部或其他政府部门布设的。

就算机器昆虫尚未投入部署，它们也离部署不远了。鲁尼·布鲁克斯（此人也是国防承包商 iRobot 公司的联合创始人和首席技术官）还曾表示："这项工作不像是研发核武器那样需要投入数以百亿计的资金，完成这项工作可能并不需要投入太多钱。"昆虫还可以被当作武器使用，试想一下由机器飞蛾组成的自杀式袭击小队吧。布鲁克斯还指出，国防部希望在2015年前实现"三分之一的任务由无人设备来完成"，毫无疑问他们会将很多东西武器化。现在的问题是，这些东西是否有自主决定目标的能力。可能现在是考虑修改《日内瓦公约》的时候了，要在公约中加入有关使用这些东西的条款。

把动物武器化也有一定的风险。拿"二战"时期的"X计划"为例，在该计划中，人们在蝙蝠身上绑上炸药用作武器，但它们却飞回了"主人"一方，导致美军的一座机场被焚毁。想想一支由昆虫或是军用蝙蝠组成的部队是多么可怕。肯定有人还记得电影《X射线》或是《驱鼠怪人》中的场景吧！

鲨鱼机器人

2006年，《新科学家》杂志报道称，国防高级研究计划局的研究人员已经改良了一款神经植入装置，该装置的设计目的是遥控鲨鱼的脑波信号以控制其活动，以将鲨鱼改造成秘密间谍，使其可以跟踪舰艇而不被发现。他们的计划是把这种装置植入鲨鱼的体内，再将鲨鱼放归到佛罗里达州沿海地区。《大白鲨》中的场景可能要再次上演了！

动物机器人

国防高级研究计划局的"秘密传感器计划"旨在利用动物的感知能力和机动能力来执行特殊的防控任务，并利用动物可接受训练和学习的本领来追踪、定位并攻击目标。

恐怖商店

国防高级研究计划局的创新能力似乎永无休止。借助"生物传感架构模仿项目"，研究人员们正在试图建立一套合成版的自然传感架构，这套系统能够感知到因外部刺激而引起的温度和压力变化。国防高级研究计划局的研究人员称，这类外部刺激中大部分都有军事意义。为此该机构还专门召开了一次研讨会，以帮助研究人员组成小组来研发基于植物机理的动态系统，这类系统最终可被军方用于环境适应性装置的研发，以使部队更难被发现。

国防高级研究计划局还在进行"寒冷战"的相关研究，该机构下属的特种项目办公室正在开展聚合物人造雪项目研发，该项目的内容是研制聚合物人造雪，这种人造雪的视觉和触觉效果都与真雪无异，通过这种雪可以实现阻滞人员和车辆活动的目的。人造雪可以把军方选定的任何场所变成寒冬的环境，在这种环境中，人员和装备的活动都会受到很大限制。

对人类的疯狂改造

国防高级研究计划局开展的最为恐怖的"生物武器化"研究就是针对人类实施的军事能力提升计划。举例而言，在 2003 年，国防高级研究计划局推出了"人类表现提升计划"，该计划是其"生物革新项目"的一部分，目的就是防止人类成为美国军事领域"最弱的一环"。与把老鼠、蜜蜂和树木变成勇士不同，"人类表现提升计划"声称将通过生命科学研究来把每位军人变得更加强壮、更加警醒、更有耐力且体能恢复更快。的确，国防高级研究计划局的研究人员目前做的事就像漫画中描绘的一样：制造出真实的"美国队长"，通过给军人注射"超级血清"来把弱小的人变成魁梧的超级英雄。

药物的使用

美军给士兵用药已经有多年历史。在越南战争期间，卫生员就给士兵发放过政府生产的苯丙胺以提升他们的行动速度。2002年，服药后的美国飞行员将激光制导炸弹投向了在阿富汗执行演训任务的加拿大部队，造成 4 名加拿大士兵丧生、8 人受伤。（美国空军发言人詹妮弗·费劳中尉表示：给空军军人吃药只是为了进行"疲劳控制"）今天，国防高级研究计划局正在实施"持续能力协助"计划，该计划的目标是通过防止军人疲劳、保证军人清醒、警觉和有效执行任务等方式，使军人能够全天 24 小时保持良好状态，一直持续 7 天的时间，而不会造成任何身体或精神的损伤，实现这一目标将不依赖现有的各种刺激方式。

人脑项目研究

国防高级研究计划局的研究人员还在进行人脑-机器交互项目的研究。该项目的目的是研发可由人类思维控制的机器设备。截至目前，研究人员已经能够让猴子仅凭大脑思考就能控制电脑鼠标和机械臂。研究人员在猴子大脑中植入了约 96 个电极，这些猴子已经能够控制机械手臂来拿取食物。研究人员还将这些信号传到了互联网上，以遥控 600 英里外的另一支机械手臂。未来，研究人员希望实现非切入式的人机互动，以供人类使用。国防高级研究计划局表示，未来如能实现以思维控制动作，这将是一个巨大的进步，美国军人将能够仅用思考来控制远方的设备。多年来，美军一直在提升自己猎杀遥远目标的能力。未来是否能够达到"只要你想一下，对方就会丧生"的程度？

生命科学

国防高级研究计划局国防科学办公室负责材料化学项目的莱纳德·巴克利表示：在来自大自然的灵感驱动下，仿生学在系统中的应用将越来越多。国防高级研究计划局女发言人简·沃克更是直白地表示：我们有兴趣对生物机体进行研究，因为生物机体经过了多年的进化来适应环境，我们想从研究中领悟大自然的一些奥秘。

可怜的大自然！当面对每年近千亿美元的国防支出时，大自然会怎么想呢？当美国科学家们在不遗余力地把生物"武器化"的时候，大自然会怎么做呢？在国防高级研究计划局，生命科学成了协助人们提升猎杀能力的一个领域，如该机构下属的国防科学办公室所宣传的那样，他们这么做的目的是弥补生命的缺陷，使其拥有超常的能力。这是尼采的超人哲学吗？

这就是美国政府支持下的创新项目的现状。如果你是重要领域的一位研究人员，希望得到时间、资金和其他条件来进行创新研究，那么你的工作必须要对五角大楼有益，以便美国能够运用高新科技设备，"把美国的下一个敌人像老鼠一样从地底下抓出来（美军少将雷蒙德·奥迪耶诺所言）"。

美国没有继续想新的办法绕过国际法的规定（如使用从太空发射的武器以避免侵犯他国领空等），因为仅凭美国当前的技术做到这一点已经足够了，这就很难想象为什么美国政府依然热衷于搞"冷战式"的军备竞赛，毕竟美国是当今世界唯一的超级大国。除了各种无意义的推测之外，唯一可能的解释就是，这是不断扩张的军事-企业复合体的意愿。这就能够理解为什么环境保护署 2006 年全年的研发预算只有 6.22 亿美元，而国防部的研发预算则达到了 737 亿美元。

对今天的研究人员而言，国防高级研究计划局是一个既汇聚了知识也汇聚着金钱的地方，对人充满了诱惑。国防高级研究计划局的口号就是"跟随梦想自由创造"，这一口号令人着迷，但同时也充满着危险，因为它让人们不可避免地想到，美国当前最为先进的能力就是战争能力。

第二十三章

"美国队长"

就算你没有读过这本漫画书，也没有看过相关的卡通片，你也很可能见过"美国队长"的形象——他的外形有点滑稽，穿着美国国旗样式的紧身衣。这个漫画形象由漫威公司推出。"美国队长"的真名叫史蒂夫·罗杰斯，是"二战"期间的一名瘦弱的小兵。在科学技术的帮助下（注射了超级战士血清），罗杰斯成为一名超级战士——拥有人类最佳的体质，成了美国终极作战机器。

在 20 世纪 40 年代的漫画中，罗杰斯在军队将领和秘密实验室科学家的关照下参加了一次超级战士试验。他本来将要成为众多美国超级战士中的一个，但受实验方式以及纳粹的影响，罗杰斯成了唯一一名接受血清注射的人。但是今天，研制"美国队长"的梦想再次复活，五角大楼正在致力于推动这项工作。美国军方想要完成漫画中没有完成的任务。通过使用高科技手段以及尖端的生物药剂，军方想要打造出整支部队的"美国队长"——

这支部队虽然没有"史蒂夫·罗杰斯",却有着诸多超级战士,普通人身上的懒散和迟钝在他们身上已经不复存在。

全时段战士

军方对研制全时段战士的兴趣一直没有减弱。在越南战争期间,陆军就开展了广泛的研究,以弄清剥夺睡眠对人类可能的影响。但在当时,军方能做的只是给军人发放苯丙胺,以使他们在作战时保持清醒。今天,随着军事人员的各种短板再次呈现,军队对无须睡眠的战士的要求更趋急迫。为了实现这一目标,国防高级研究计划局启动了"睡眠剥夺项目"的研究。其目标就是设计出合理的方式,从而使飞行员能够持续飞行30个小时、陆军特战队员能够48个小时甚至72个小时连续执行任务、前出小分队能够在每天只睡3个小时的情况下连续数周执行作战任务,且上述所有作战人员都不会受到认知障碍或精神问题的影响。

为复合体服务的科学家们在这项研究中投入了大量精力。在维克森林大学(2006年从五角大楼拿到了超过76万美元资金),研究人员们正在对安帕金类药物展开研究,这种药物能够缓解因睡眠不足而导致的认知问题。在哥伦比亚大学(2006年从五角大楼收到了超过120万美元资金),科研人员正在使用新型成像技术,以研究可可中含有的抗氧化剂对神经保护和神经再造功能的影响(在技术仍不发达的"二战"时期,军方有时就向士兵直接发放巧克力来应对疲劳)。那么是谁在为国防高级研究计划局开展上述研究呢?没错,就是生产巧克力和士力架的玛氏公司（该公司在2005—2006年从五角大楼获得的收入超过1亿美元）。

与此同时，空军研究实验室也在开展"作战人员疲劳应对措施"计划，其主要内容是研制一种名为莫达非尼的药物，这种药物能够让人连续88个小时保持清醒状态。此外，海军健康研究中心、太空和海上作战系统司令部、沃特·里德陆军研究所、美国陆军航空医学研究实验室的科研人员也在进行与睡眠及睡眠不足相关问题的研究。值得一提的是，在2007年，沃特·里德陆军研究所的另一个科研团队曾发表一份研究报告，指出，缺乏睡眠会导致人的道德判断出现问题。

战争之后的道义问题

无须睡眠的军人在战斗期间当然是好事，但在作战任务结束后军人仍然出现无法入睡，或是出现情绪紧张的情况，那该怎么办呢？过去一段时间，事实似乎表明大多数士兵在近距离杀伤对手后都会感到惊恐。据估计，在"二战"期间只有15%~20%的美国步兵曾经开枪向敌人射击。在越南战争期间，军方成功地将这一比例提升到了90%~95%。显而易见，军方找到了把美国军人变成杀人机器的有效办法。但如何来应对军人们面临的忧伤、悔恨和创伤后情绪紊乱等问题呢？

记者艾里克·巴德曾经报道称，未来将能培养出无负罪感的军人。巴德指出，美国各地多所大学——包括哈佛大学（2006年从国防部拿到了510万美元资金）、哥伦比亚大学、纽约大学（2006年从国防部拿到了超过96.9万美元）和加利福尼亚大学尔湾分校等——的研究人员正在开展相关研究，通过使用普萘洛尔类药物来控制人的恐惧情绪，并且令人记忆模糊，以此来控制创伤对人造成的影响。他还进一步指出，诺贝尔医学奖获得者艾里克·坎德尔位于哥伦比亚的实验室已经发现了有抵制恐惧作用的蛋白质的基因，这也从微观层面开创了应对战争创伤问题的前景。当巴德询问他是否从国防高级研究计划局获得过资助时，坎德尔称：目前没有，但如果能拿到，那当然是件好事。

遥控战士

2004 年，《纽约人》杂志曾经报道称，为了实现"留人"的目的，美军开始向军人提供免费的整形服务（当然用的是纳税人的钱）。军方目前擅长的手术之一就是丰胸。据统计，在 2000—2003 年，军队的医生共实施了 496 次丰胸手术。不过，在国防高级研究计划局的科学家眼中，未来要植入人体的却是大脑-机器互动设备，通过植入这种高集成度的人机互动装置，研究人员就能监控国防部感兴趣的人类行为和举止背后的大脑活动情况。

国防高级研究计划局已经启动了多项计划，来对人类进行改造和提升。拿"新视觉"项目为例，该项目的目标是通过使用合成材料进行视网膜修复，以加强信号在神经和视网膜间的转换；也就是说，通过辅助装置来技术性地提升人类的视觉。国防高级研究计划局开展的另一个项目就是"基于生物学的多功能动力机器人"项目，其目标是研发仿生学（如模拟手或腿的运动）机器人，以用于国家安全领域。

无须饮食的作战人员

即便是一个永远保持清醒、不会觉得内疚的半机器人士兵也无法摆脱饥饿的困扰，这是人之常情。不用担心，虽然今天的士兵可能会抱怨还要吃即食口粮，但如果一切顺利的话，未来的军人在吃的方面就可以不用再担忧了。

一般情况下，一个成年人每天需要的热量是 1500~2000 卡，但在战场上作战的特种部队军人每天需要的热量为 6000~8000 卡。吃饭喝水都是需要花时间的，所以国防高级研究计划局启动了"尖峰战士"计划，该计划的目标是找到合适的方式来提升人类新陈代谢的机能，使未来的军人能够在不摄入卡路里的情况下，持续保有最佳体能和认知状态长达 3~5 天。

与此同时，国防高级研究计划局的工作人员还在开展"饮水摄取项目"的研究，其目的是把特种部队、海军陆战队远征分队及陆军中型旅军人的每日最低饮水需求（每日 7 夸脱）至少降低 50%，其采用的方式包括"从空气中汲取水分"。也许在未来的某一天，士兵完全不需要喝水也能坚持长期战斗，这将得益于美国陆军士兵系统中心（位于马萨诸塞州纳提克）作战补给处人员的研究。正是这个实验室研发了可长期储存的三明治（据说保质期能够达到 3 年），他们还研制出了一种士兵用尿液就可以使其恢复水分的脱水食品，军用食品的品质可见一斑。

超级军装

你觉得"美国队长"的装束如何？当然，他的装束与众不

未来战士构想（2020 年）。萨拉·昂德希尔摄于美国陆军士
兵系统中心（纳提克）

同。"美国队长"的红、蓝、白三色紧身衣没有什么功能。未来
的"美国队长"会是什么样的呢？他们不会被包裹在国旗样式的
紧身衣里。位于纳提克的美国陆军士兵系统中心正在指导一项时
长为 7 年，投入资金 2.5 亿美元的"未来勇士"项目，该项目于
2010 年全面展开，其内容就是为美国军人提供新型、轻盈的保护
装甲。这套装具内置电脑和电子设备（电脑系统的线路被植入护
具材料当中），装置还包括一个带有内置式夜视装置的头盔，带
有电脑显示功能的单片眼镜，以及骨传导通信设备等。该项计划
比军方的 2020 未来勇士构想提前了 10 年，展现在你眼前的将是

一套极具科幻色彩的黑色突击队员套装，看起来像是从电影中走出来的那样。令人沮丧的是，不论是 2010 年还是 2020 年的构想我们都已经在 2007 看到了，但这些构想却从未进行过真人试验。

2004 年，时任国防高级研究计划局国防科学办公室主任的史蒂芬·瓦克斯曾向来自学界、企业界和军界的人员发表讲话。瓦克斯向他们表示，在电影《异形》中演员西格妮·韦弗所穿的机械装具即将成为现实。虽然在 20 世纪 60 年代后，各种外骨骼装具已经生产了很多，但瓦克斯还是指出，在先进的微电子设备帮助下，新装具在结构、传动装置及动力等方面都取得了突破。新的装具可用性强，能够随着士兵的行动而不受阻碍地运行，穿戴者可以毫不费力地携带重达 100 磅的物品。在"人类外骨骼能力提升"项目的帮助下，国防高级研究计划局声称正在研发更加先进的"自带动力、可控、可穿戴"的外骨骼装置／机械装置，设计这些装置的目的毫无疑问是提升美国军人的"致命能力"。

要食物还是要思想

没有任何一家类似国防高级研究计划局这样的机构参与应对当前全球最为紧迫的问题的研究。今天的世界上，很多人仍然没有足够的衣服穿，国防高级研究计划局却在投入巨额资金来研制昂贵的机器人套装。今天的世界上，有 8 亿人仍然饱受营养不良之苦，有 10 亿人仍然喝不到清洁的饮用水，但国防高级研究计划局却把难以计数的金钱花在了研究发达国家的少数军人如何才能不吃不喝来执行任务（这些任务的执行地点却往往是不发达国家）上。不可否认，部分发展中国家的民众也从国防高级研究计划局一些项目的"溢出效应"中获益（如先进的假肢等），但能使更多人获益的却是不用花费太多金钱也不用投入太多技术的公共卫生项目。而且，如果美国没有花巨额资金来研制武器——尤其是研制和生产地雷——很多人也就用不着安装假肢了。举例而言，在越战结束30多年后的今天，仍有300万颗地雷和80万吨战争时期的爆炸物被遗留在越南。人们被这些爆炸物炸断手脚甚至炸死的事情到今天还在不断发生。

在美国的巨额国防预算中，分给国防高级研究计划局的部分是30亿美元。其中一大部分被用在了研发"超级战士"上。同该机构诸多其他项目一样，研发"超级战士"的努力也是科幻思想走向极端的典型表现。

事实上，国防高级研究计划局的很多项目都没能实现其预期目标。在越南战争期间，美国投入了大量的金钱、武器和高科技装备，但仍未能战胜拿竹子当兵器的越南人。在伊拉克，美国投入了难以计数的资金加强军事能力，通过卫星获取情报，使用最为先进的侦察设备和隐形轰炸机、战斗机、无人设备、坦克、步战车、悍马、重武器、夜视装备、高科技小型无人机、试验性的武器装备，以及复合体所能够提供的所有高科技设备，虽然美军的确杀伤了很多人，却未能阻止没有重型装甲车和间谍卫星，也没有身体护具和高科技套装，仅凭 AK-47 步枪、皮卡车和简易爆炸装置与美军作战的叛乱分子。

作为复合体的重要组成部分，国防高级研究计划局的工作是立足当前来研究未来。但令人惊奇的是，他们所开展的研究项目，不论在设想上是多么科学，都会在现实中受到思想不自由的阻滞，导致这种不自由的原因就是无法超越军队今天（甚至是昨天）的固有理念和条件的限制。当五角大楼的规划者想要面向未来打造一支一往无前的漫画英雄式部队时，他们会发现其制造出的超级士兵会精神紧张且神情恍惚，这些士兵饱受睡觉、吃饭等人类基本需求的负面影响，而这种负面影响究竟会有多严重目前还未可知。他们通过配备高科技装置而打造出的"超级英雄"，可能也会败给并不高端但是便宜有效的干扰设备或是反制措施。五角大楼不如真的去研究"美国队长"那样的外套，不仅不用花太多钱，说不定还能在战场上唬一唬对手。

第二十四章

巴格达，2025

你可能会认为，美国军队在巴格达什叶派聚集的萨德尔城迷宫般的街道中作战，这体现的是美军一次可怕的战略失误甚至是失败。但五角大楼并不这么想。多年来，五角大楼的规划者们一直相信，未来的游击战争不是发生在荒郊野岭的那种面对格瓦拉式游击队的战争，而是发生在地球上呈不断蔓延之势的城市街巷之中的战争。这场在迷宫一样的城市街巷中发生的战争可能是如下的场景：

> 地方武装通过车辆来运送迫击炮，这使他们可以迅速地部署和发射，并迅速隐藏起来。但是，美国快速反应部队的步兵连却担负着保护多个目标的任务，这些目标包括指挥和控制中心，而这些目标通常散布在首都很大的范围之内。

这是在说巴格达吗？当然很有可能。因为这段话是 2004 年写下的，当时伊拉克首都巴格达的战斗已经令华盛顿的军方将领们感到担忧。然而，国防高级研究计划局却在一份报告中将目光瞄准了未来的（确切说是 2025 年）城市，并将其作为未来作战的新的研究重点。

在城市作战的恐惧一直萦绕在美国军事筹划人员的心头。他们难以忘记过去城市作战的种种惨剧，美军在一些城市作战中遭受了重大伤亡。其中包括发生在南越"古都"顺化的战斗，1968 年，海军陆战队在这里损失惨重；还包括 1993 年发生在索马里首都摩加迪沙的"黑鹰坠落"事件，在那场冲突中，地方武装导致了美国陆军游骑兵部队 60% 的人员伤亡；当然也包括目前发生在伊拉克城市中的巷战。在布什政府于 2003 年攻入伊拉克之前，美国的报纸上充斥着来自军方的消息以及由此引发的恐慌情绪，如拉吉夫·昌德拉塞卡兰 2002 年 9 月下旬在《华盛顿邮报》上报道的那样，萨达姆应对美国入侵的方式可能是把美军拖入风险极高的城市巷战。人们担心，攻占巴格达等要地的作战可能会令美军损失惨重，连时任国防部长拉姆斯菲尔德也做过这样的表述。

然而，2003 年 4 月 8 日，《华盛顿邮报》报道称，美国陆军部队已经进入了巴格达。政府内外的"智者"都认为战争已经胜利在望——他们甚至把美国在伊拉克建立的首个军事基地（位于巴格达国际机场附近）命名为"胜利"。但是在不久（准确地说是 3 年 6 个月）之后的 2006 年 10 月 8 日，《华盛顿邮报》就报道称：战前军事筹划人员最担心的事已经成为现实——虽然比预想的时间要晚，而且萨达姆已经被关在了美军的监狱中。

据记者安尼·斯科特·泰森报道：随着美军开始在巴格达展开巷战，每月在伊拉克受伤的美军士兵达到 2 年以来的最高点。事实上，除了逊尼派固守的安巴尔省之外，巴格达已经成为美军驻伊拉克部队伤亡最为惨重的地方。在城市之中进行巷战，面对狙击手、简易爆炸装置、自杀式汽车炸弹和敌人的各类埋伏等似乎成了美军的宿命。从那时直至第二年，泰森逐渐注意到，随着进入巴格达的美军越来越多，伊拉克城市中的游击队员们开始采用越来越复杂也越来越致命的袭击方式，这也导致与受伤人数相比，美军在战斗中丧生的人数显得更多——2007 年 5 月成为美军攻入伊拉克之后伤亡人员数量排名第三的一个月。

国防高级研究计划局眼中的未来城市作战

在《布满贫民窟的星球》一书中，作者迈克·戴维斯曾经提出，五角大楼的智者们"勇敢地"进入了联合国、世界银行等机构不敢进入的地区，他们现在又声称，第三世界中那些管理不善的城市——尤其是市郊的贫民窟——将成为 21 世纪的战场。他还写道，五角大楼甚至修改了作战条令，以针对城市贫民中的"犯罪分子"开展一场低烈度、长时间的"世界战争"。

2006 年 10 月，陆军发布了升级版的《城市作战手册》。该手册称：考虑到全球人口的发展趋势，以及未来对手的战略和战术，陆军部队可能要在城市之内或周边开展军事行动，美国陆军不应该被动地接受这一"命运"，而应该在指挥官选择的时间、地点以指控官选择的方式实施此类作战行动，因为这事关国家安全目标和我们的战略。手册还指出，城市中贫困街区的特点就是经济落后、住房条件差，这些地方因此成为动荡的源头，因此军队介入维持稳定的可能性也大大提升。手册中还专门提到对"未来城市贫困街区的年轻人失去传统社会束缚"的担忧，这些年轻人脱离了村落长者和部落智者的管束，因而很容易受到"非国家行为体"的操控。

由于考虑到未来要在类似巴格达这样的城市中作战，军方面临的问题就变得非常现实了：如何在城市这一战场上打赢战争呢？这正是国防高级研究计划局和国防部的"梦想家"们思考的一个问题。根据国防高级研究计划局2004年的一份报告显示：实施城市作战需要拥有新的系统和新的技术，此外，美国陆军、海军陆战队和特种部队的军人也需要有新的作战理念。

近来，国防高级研究计划局和五角大楼的其他组织——如小型商业创新研究项目（五角大楼借此给小型技术公司开展的早期研发项目提供资金）和小型商业技术转让项目（五角大楼借此为小型商业公司和研究机构合作开展项目研发提供资金）等——启动了大量与城市作战相关的项目。这些项目的缩写为"UO"，其目的是为未来的介入行动和占领行动提供支援。国防高级研究计划局信息利用办公室主任曾这样解释道：这些项目都是针对在人员密集的城市进行作战而开展的，我们面临的敌人有着与我们不同的社会和文化传统，他们的行为可能让我们觉得不理智，原因是我们不了解他们的背景情况。这些项目包括很多了解、标注和探究大型贫民窟问题的计划，美国迄今为止一直忽略了大型贫民窟的问题。美国还准备使用一定数量的无人载具对这些未来的热点地区进行侦察并实施作战行动，对其他多种"致命设备"的改进也正处在落实的不同阶段。凭借这些能力，美军希望在2025

年更加有效地在贫民窟实施作战行动。

蜘蛛侠和会爆炸的飞盘

下面我们就来仔细看看五角大楼目前开展的一些与未来城市作战相关的研究项目吧。

透视能力　该项目旨在解决目前城市作战面临的一个急迫问题——看到建筑物内部的情况。该项目所研发的技术将使美军人员能够弄清建筑物的布局，了解建筑内部物件的形状，并且确定建筑内部人员的位置。这类系统就像是一种"偷窥设备"，能够使美军看到他人的住房内部，并对他们认为"不正常"的地方做出进一步的认证和判断。在该系统研发成功之前，美军部队只能使用现有的雷达透视设备，这种设备使他们能够"看穿"厚达12英寸的混凝土墙壁，以确定建筑内部是否有人员活动。

带有伪装的长效纳米传感器　这是一套实时超宽带雷达网，用于在城市环境中识别、分类和追踪徒步武装分子。换句话说，这套设备由一系列手掌大小的网络传感器组成，能够对某一地区进行长达数周持续不断的监控。这就是为什么国防高级研究计划局希望将其称为"持续监控系统"。美军过去曾经试图研发这一系统，那就是越南战争时期的"麦克纳马拉防线"。但是，这套由一系列装置组成的"防线"因无法区分武装分子和平民而最终夭折。在未来的城市贫民窟中，想让这种系统有效发挥作用仍然不大可能，虽然其科技水平会有所提升。

城市地图　该项目的内容是向在国外执行城市巡逻任务的军人提供可视、可操作和可分析的最新版高清地形图，以使巡逻的军人对外国的城市"像自家后院一样熟悉"。携带特殊装置的无人机和悍马汽车将负责收集目标城市的信息，并将这些信息转化成 3D 可视画面。这些画面随后被传递到执行任务的部队那里，以供他们在未来迷宫一般的战场中导航和实施作战任务所用。

城市影像沙盘　该项目内容是通过大型全息图像显示的方式，快速和明确地传递情报信息，以便部队筹划分队级别的军事活动和开展训练、研究和分析实时数据所用。换句话说，就是建立城市中存有潜在危险地区的 3D 图像，这类图像要有极高的清晰度而又不遗漏任何细节，以使整个分队的军人能够同时观看。

城市侦察监视及目标获取合成分队　该项目简称"HURT"，其通过将多架小型低空无人机联网的方式，将即时影像传送到城市中执行任务的侦察监视及目标获取分队的手持设备上。据国防高级研究计划局的安东尼·提瑟表示，这一高科技系统的设计目的是向美军提供前所未有的态势感知能力，以使他们能够在冲突中更好地掌控形势。该系统将提升美国执行反叛乱任务的军人在城市或杂乱的贫民区与武装分子作战的能力。

除此之外，空军也在寻求借助各类空中设备上安装的传感器，以拥有在城市环境中持续追踪、识别和定位非对称安全威胁的能力。也就是说，安排多架无人机长期在敌对城市或贫民窟上空盘旋，并能够在接受指令后迅速识别和追踪目标。所谓目标，可能是民用汽车，也可能是行人，识别目标的工具是高光谱成像 HSI 摄像机，该型摄像机能够通过着装、发型和皮肤来识别目标，以向武器发射平台提供足够精确的目标数据。这种系统就像未来在城市上空徘徊的高科技猎杀机器。空军不仅将该系统视为 2025 年在巴格达猎杀叛乱分子的工具，而且希望该系统能够在本土执行双重任务——据空军表示，美国执法部门也需要具备城市目标追踪能力。

纳米空中机器人　想象一下，未来城市的天空中可能遍布着机器昆虫，这些机器昆虫能够飞入居民家中，利用携带的摄像头记录它们想记录的一切，并把数据发给美军。这一项目旨在研发和展示超小型（不足 7.5 厘米）/ 超轻型（不足 10 克）空中机器人系统，以向作战人员提供前所未有的城市作战能力。

多域机动机器人　此类机器人带有外壳，能够穿越各种复杂的地形。

微型飞机　研发小型可垂直起降的无人机，该型无人机能够在多种作战环境中部署，其中包括城市作战。

城市跳跃式机器人　一个非常有趣但很神秘的研究项目，该项目的负责人迈克尔·奥巴尔拒绝透露有关该项目的细节。据国防高级研究计划局对外关系办公室的简·沃克在电子邮件中表示：涉及该项目的信息非常有限，只知道该项目是在研发一种半自动混合式跳跃 / 铰接轮式机器人平台，这种机器人平台能够即时适应城市作战环境，向城市战场上的任何地点运送小型物品；这种机器平台重量轻、体积小，不会给携带它的军人增加太多负荷。简·沃克还指出：这种机器人平台具有多种功能，能够自主分析城市战场的相关因素，将载荷准确送到视距之外的地点。

攀爬辅助器械　　如果不是怕商标侵权，国防高级研究计划局的这个项目很可能会被命名为"蜘蛛侠"项目。该项目旨在研发攀爬辅助器械，以协助士兵在无须绳索和梯子的情况下爬上由建筑材料砌成的垂直墙壁。五角大楼希望找到类似壁虎、蜘蛛等小动物爬上墙壁的方式，也就是说，借助特殊生物材料增加墙壁对人体的吸附力。那些携带武器在 2025 年的巴格达、贝鲁特或是卡拉奇攀墙入室的作战人员肯定不会像"蜘蛛侠"那么友好。

模块化飞碟式城市巡游弹药　　你没有看错，空军已经批准了"法螺系统"项目。该项目在 2006 年得到了五角大楼 950 万美元的资金，其目的是研发携带爆炸装置的飞碟型无人机。这种设备像是空中的一个飞盘，它能够在复杂的城市环境中识别出武装分子并用携带的武器将其击毙。与普通飞盘不同，这种设备由专用的抛射器进行发射。

近距作战致命弹药　　在国防高级研究计划局的文件中，这种在城市作战环境中使用的弹药被称为"可验证式猎杀系统"。该系统能够扩大士兵的杀伤范围，使其可以对建筑顶端或背后以及建筑物内部的人员实施打击，其作用就像是一颗"灵巧手雷"。据国防高级研究计划局的安东尼·提瑟透露：该系统是由发射管发射的巡航弹药，徒步的士兵可以在城市环境中发射该型弹药，以攻击超出其视域的目标（可能是由无人机发现）。该型弹药就像是一颗小型迫击炮弹，内部装有手雷大小的炸药。弹药尾部还携带有光纤，能够将弹上摄像头拍摄的数据传递给作战人员，从而在作战人员的操控下击中目标。

面向未来城市作战的训练

看一下五角大楼开展的项目就能发现，他们非常重视对国防高级研究计划局高科技兵器的未来使用者的培训，这些人将在未来几年使用城市作战的各种设备在贫民窟中与对手作战。在2006年3月，陆军签署了一份价值近2500万美元的合同，以在科罗拉多州的卡尔森兵营建设一处城市作战综合训练设施。当年8月，海军又签署了一份1850万美元的合同，以在加利福尼亚州29棕榈村设计建造一处城市地形综合武器训练设施。9月，陆军批准了在南卡罗来纳州杰克逊兵营建设城市进攻训练场的合同。11月，海军投入1250万美元在加利福尼亚州圣克莱门特岛建设特种作战部队城市地形综合训练场。2006年12月，陆军同意支付11 838 998美元在加州欧文堡建设新的城市地形军事训练设施。2007年，这方面的工作进一步加速。4月，海军又以海军陆战队的名义在加利福尼亚州29棕榈村投入令人吃惊的461 635 454美元以建设城市地形综合武器训练场，目的是提供真实的战场环境，供即将前往城市地区部署的海军陆战队远征分队及相关部队开展任务训练。

　　五角大楼甚至把城市作战训练设施建到了未来可能发生战事的目标附近，如陆军在阿富汗巴格拉姆空军基地附近建的训练场，以及在科威特比林兵营建的训练场等。2006 年 11 月，陆军与通用动力公司签署了一份 1700 万美元的合同，目的是在约旦国王阿卜杜拉二世特种作战训练中心内建设一座城市作战训练场。据陆军一位发言人表示，该设施将供所有支持反恐战争的友好国家使用。

美国终结者 vs 无恶不作的游击队员

　　正如高科技项目研发和训练场所建设所暗示的那样，五角大楼把外国城市贫民窟作为未来战争的爆发场所。奇怪的是，五角大楼对未来城市作战的认识就像是好莱坞电影《纽约大逃亡》《银翼杀手》《祖鲁》和《机械战警》中对第三世界城市认识的混合体。举例而言，美国海军 / 海军陆战队曾经启动一项计划，希望能够找到一种算法来预测一幢建筑或一个街区发生刑事犯罪案的可能性。这项名为"重复犯罪调查构型"的项目将城市描述为"犯罪分子易于藏身其中的藏污纳垢之所"。该项目指出，未来的"行为不端者"不仅包括恐怖分子，还包括形形色色的不法分子，如叛乱人士、连环杀人犯、贩毒分子等。仅就陆军而言，其在近期修订了《城市作战手册》，列出了一份更加详细的城市威胁清单，其中包括地区常规军事力量、准军事部队、游击队、叛乱分子、恐怖分子、犯罪团伙、暴民等，连电脑黑客都被列为可能的威胁。

为了应对如此复杂的城市威胁（连环杀人犯、贩毒分子和游击队可能同流合污），只有请来"终结者"才能完成任务。的确如此，国防高级研究计划局正有意启动一项计划，其内容值得人们高度关注。在近期的一份申请报告中，国防高级研究计划局提出建立人类-机器人混合特战分队的构想，这些机器人未来将在贫民窟执行入户搜查任务。

目前的挑战是建立一套系统，以验证在执行战术任务时使用多个机器人和一名或多名人类共同执行任务的可行性。此类战术任务的一个典型情况就是入户搜查任务，目前在城市中主要是由警察和军人来执行这一任务。通常情况是由一人踹开房门，另一人低姿进入房间并向左行，另一人高姿进入房间并向右行。在我们的计划中，行动小分队将由机器人和一名或更多人类共同组成，机器人将自动控制，而不采用遥控或远程操控的方式。

这一未来城市作战的场景可能已经变成了现实。事实上，军方一直试图把重装遥控机器人送上战场，例如"特种武器观测侦察与探测系统"，这是一种小型履带式全地形车，美军自2000年即开始使用此装备。该型装备上可安装M240或M249机枪、巴雷特.50口径步枪以及40毫米榴弹发射器、反坦克火箭发射器等。《连线》杂志所属的"危险空间"博客撰稿人诺亚·沙楚曼曾在2007年指出，装备M249机枪的"特种武器观测侦察与探测系统"已经部署到伊拉克。虽然直到当年8月，这种机器人平台还没有开过一枪，但是"特种武器观测侦察与探测系统"项目负责人迈克尔·泽卡已经表示，很快这种系统就会开枪杀敌。

从五角大楼到全球的城市

2006 年下半年，五角大楼下属的美军联合作战司令部开始了一项耗资 2500 万美元、持续 35 天的计算机模拟演习，参加这次演习的包括 1400 多名陆军、空军、海军和海军陆战队军人。此次名为"城市决心 2015"的演习准备时间长达一年，演习的目的只有一个——验证未来的城市作战概念；演习的预设背景也不出人所料——2015 年的巴格达。五角大楼美军新闻局迅速撰文指出，此次演习的场景可能发生在未来任何城市环境中。美军联合作战司令部未来联合作战实验室负责人戴夫·奥泽莱克更是明确指出，城市是未来战争的爆发地，也是未来敌人的藏身地，是未来军事行动的重心所在。

尽管美军联合作战司令部已经开始为 2015 年的"巴格达之战"进行演习，但目前美军却似乎连在巴格达多待几年都面临问题。不过，如果计划能够实现，美军的规划者已经做好了在未来以某种方式占领其他城市的准备。正如陆军新版《城市作战手册》所指出的那样，在未来，不管是哪个军种的军人，都必须做好在城市环境中与敌人近战并逮捕或击毙敌人的准备。

五角大楼对未来战争的认知体现在它的人类-机器人混合远程部队上，这支部队的建立仍需花费大量时间，其使用目标将是第三世界的大型贫民窟。这支部队不光配备有重型武器，还配备有多种其他装备。在未来的城市战场上，他们能够即时读懂其靠近的建筑物的 3D 地图，看到其附近区域战场态势的实时图像。

想象一下未来的战场，贫民窟的空中将密布着大量微型无人机，一支由"蜘蛛人"和"壁虎人"组成的特战分队爬上建筑物的墙壁，机器人从建筑物的一楼破窗而入，人类-机器人混合小分队踹开房门抓捕毒贩。而在附近，配备重型装备的"特种武器观测侦察与探测系统"机器人则在应对聚众示威的年轻人，几个携带武装的生物机器人则从安全距离向小股武装分子发射"灵巧手雷"——这些武装分子自以为隐藏在胡同巷道里很安全。

毋庸讳言，不管五角大楼的科学家和筹划者们对未来的规划有多么奇妙，美国解决未来的战争问题还是要依靠强大的火力；不管是未来在迷宫一样的城市里，还是在"二战"时的东京、朝鲜战争时的平壤、越南战争时的槟榔、伊拉克战争时的费卢杰，情况都是如此。陆军第2-7特战分队军官提姆·卡奇尔少校在谈到美军2004年11月进攻费卢杰时曾表示："我们坐在那儿长达6~7个小时，眼看着死亡降临这座城市，弹雨从AC-130和其他战机上倾泻而下，155毫米榴弹炮在耳边呼啸。想想这种场景会给人带来什么感觉。"

军方害怕把大批美军部队送到城市大型贫民窟中，因为这种作战环境对敌人有利；在这种环境中作战，大量的人员伤亡在所难免。考虑到这一事实，五角大楼对未来城市作战的规划不大可能改变，不管未来的技术会如何发展。

军队与大都市

国防高级研究计划局副局长罗伯特·勒汉尼曾在2005年宣称：

近几年来，我们启动了超过 35 项研究计划，这些研究计划都是基于对我们提出的城市作战理念的回应意见而开展的。此外，我们还启动了多项跨机构和跨项目的研究计划。我们的目标是在明年投入 3.4 亿美元以上开展城市作战问题研究，我们预计在未来几年，对该项目的投资将增加到 4 亿美元以上。

显而易见，城市是五角大楼的研究重点。今天的对象是巴格达，明天的对象可能就是阿克拉、波哥大、达卡、卡拉奇、金沙萨、拉各斯、摩加迪沙，甚至是美军曾经去过的地方——太子港。但是，就算拥有了高科技的飞盘炸弹、"蜘蛛侠"套装和数不胜数的城市作战训练设施，美国陆军也无法在未来战争中百战百胜。

自从美军最高指挥机构搬入五角大楼起，美军除了针对最弱小的对手之外，还没有决定性地击败过任何对手。20 世纪 50 年代的朝鲜战争、60—70 年代的越南战争、80 年代初的黎巴嫩战争，以及 90 年代初的索马里战争，无不以失败告终。从最近的情况看，在阿富汗取得的胜利还很不确定，而伊拉克的叛乱分子更是让拥有高科技武器装备和火力优势的美军进退维谷。虽然五角大楼的战争机器能够造成大量的人员伤亡和设施毁坏，但这离赢得真正的胜利还差得很远。

现在，五角大楼又准备和居住在贫民窟中受压迫的民众开战。这个群体的数量已经多于 10 亿，而且还在以每年 2500 万人的速度不断增长。今天，人口超过 100 万的城市已经达到 400 个，预计到 2015 年还将再增加 150 个；想在这种城市中找到一个立足点都得付出巨大的人员伤亡。

第八部分

复杂的结论

《1993—2003年保卫美国国土》是美国空军反扩散中心的一份文件，它指出，"国家安全"曾经是"国防部、州政府和情报界"关注的问题。然而，到2003年，"国家安全"和"国土安全"已经结合在一起，并吸纳了更多的相关机构和各类部门。报告显示，确切地说有"57个联邦机构、50个州、8个地区和3066个县参与……8.7万个不同的政府管辖区域将在国土安全方面发挥作用"。该文件解释说，除此之外，"私营部门将在国土安全方面发挥重要作用，这一作用将不仅限于后勤支持。美国企业将被要求在国土安全方面发挥重要的业务作用"。

那些参与封锁"国土"的企业，往往正是长期以来推动军事复合体发展的企业。例如，2005年时曾有传言说，洛克希德公司会获得一份价值2.12亿美元的合同，为纽约市的地铁、通勤铁路、桥梁和隧道安装1 000个摄像头、3 000个电子传感器监视和安全系统。到2006年底，同一套系统的价格已升至2.8亿美元。

在被占领的伊拉克等战争地区使用的技术也用在了美国本土。例如，2006年洛杉矶警察局开始测试遥控无人侦察机的使用。据美联社报道，当年晚些时候，美国空军部长迈克尔·韦恩决定改变常规的武器测试顺序，公开表示他认为未来能产生疼痛的武器，"比如大功率微波设备应该在控制人群的情况下先对美国公民使用，然后再在战场上使用"。这赋予了"把战争带回家"新的含义。

第二十五章

国土安全部

2001 年 9 月 11 日之后，美国几乎立刻从一个国家变成了一个"家园"，而这个综合体之前的一个小分支——国内安全部分——也开始以指数级的速度增长。自那以后，军方越来越多地将美国视为海外驻军（如果不是完全被占领的话）的国家之一。但是，就像这个复合体里的许多其他东西一样，建立一个"国土安全国家"严格来说并不是军事行动。西点军校毕业生、曾在军队服役 20 年的历史学家安德鲁·巴塞维奇指出：

> 产生的问题是，事实上，我们是否还没有体验到这实质上是一场缓慢的政变。但夺取政权的不是军人，而是军事化的平民。他们认为这个世界非常危险，军事力量必须占主导地位，宪法对军队的限制需要放松。国家安全意识形态变得更加错综复杂。

这些军事化的平民——在政府、公众和企业部门——正忙着以全新而深刻的方式扩大和进一步增强美国内部复合体的力量。

他们正在打造的国土安全复合体展现了"老大哥"的许多特征。它的民用核心部门（国土安全部）有自己的类似于国防高级研究计划局的不考虑未来用途的理论研究机构——美国国土安全高级研究计划局，简称 HSARPA。国土安全部现在也与好莱坞有联系，幕后援助哥伦比亚广播公司电视剧《犯罪现场调查：迈阿密》和《海军罪案调查处》，以及 2004 年的电影《幸福终点站》，它由军事-娱乐明星汤姆·汉克斯（他还主演过五角大楼援助的电影《"阿波罗"13 号》《拯救大兵瑞恩》《阿甘正传》）主演。2006 年国土安全部的边境巡逻队开始资助一支纳斯卡赛车队，以帮助其招募人员。它甚至像"老大哥"一样派遣部队（边境巡逻人员队伍）去帮助占领伊拉克。

当然，新的国土安全复合体也创造了自己有利可图的旋转门。2006 年，《纽约时报》的埃里克·利普顿报道说："国土安全部或白宫国土安全办公室至少有 90 名官员——包括国土安全部前秘书汤姆·里奇……都是从事数十亿美元国内安全业务的公司的高管、顾问或说客。"

到 2006 年，"国土安全"领域不仅成为该复合体的一个主要组成部分，而且本身就是一个巨大的产业（当年创造了 590 亿美元的产值）。它立刻使电影和音乐行业（每年 400 亿美元）等久负盛名、利润丰厚的企业相形见绌。毫不奇怪，最大的客户是成立于 2002 年的国土安全部，它由 22 个机构和局（及其分支）组成，其中包括移民和规划局、动植物卫生检验局、联邦紧急事务管理局（FEMA）、特勤局和海岸警卫队。国土安全部现有员工 18 万人，在四个主要部门工作（下设边境与运输安全分部、应急准备和反应分部、科学技术分部、信息分析与基础设施保护分部）。

国土安全部自称肩负着"保卫美国"以及"防范和应对国家面临的威胁和危险"的使命，它在复合体中扮演着第二个五角大楼的角色。根据美国企业研究所的维罗尼克·德·鲁吉汇编的数据显示，美国政府的"国土安全"支出从 1995 年的 90 亿美元成倍增长到 2007 年的 582 亿美元。（这包括自 2001 年以来 246% 的增长。）2002 年，也就是国土安全部成立的那一年，它获得了 141 亿美元的拨款。2005 年，它获得了双倍拨款——289 亿美元。到 2007 年，其拨款达到 427 亿美元。2008 年，布什总统要求的拨款超过 460 亿美元，增长了 7%。

投资公司摩根基根的布莱恩·鲁滕伯尔表示，这种增长可能会持续下去。2006 年他告诉《基督教科学箴言报》，他预计"在未来 10 年，国土安全部的预算将以每年 5%~7% 的速度增长"。华盛顿特区的国土安全行业观察家预计"到 2010 年，国土安全支出将增长近一倍"。史维特斯集团是一家"服务于国土和国家安全市场的战略咨询和投资公司"，该公司在 2007 年预测，未来 5 年美国安全市场的价值将达到 1400 亿美元。

有这么多钱可供争夺，因此，这个国土安全复合体在很大程度上是由来自复合体的熟悉面孔组成的，也就不足为奇。洛克希德·马丁公司情报和国土安全系统部门副总裁戈登·麦克尔罗伊在 2005 年指出："我们关注国防和太空相关活动预算的变化，发现增长引擎将在国土安全和执法领域。"该公司的网站明确说明了为什么"洛克希德·马丁公司是我们政府在国土安全方面的合作伙伴"，即"它在州政府、地方政府和私营部门，包括支持国家安全的 17 个关键部门，都有机会"。这些领域的范围很广，从交通到金融，从农业到化工。这样的"机会"对大型承包商来说是一个福音。前海军陆战队情报官员、网站"国土防卫周"创始人丹·弗顿表示："和往常一样，国土安全意外之财的大赢家是那些大承包商。"下面附的图表列出了 2006 年美国国土安全部和国防部选择的承包商、他们的排名以及合同总金额。

公司	2006 年国土安全部排名	国土安全部合同金额	2006 年国防部排名	国防部合同金额
福陆公司	1	1 504 817 784	不适用	278 165 675
萧氏环保	2	852 205 338	62	519 041 459
柏克德公司	3	471 243 361	27	1 264 475 040
西图建筑工程公司	4	436 537 706	86	347 963 421
L3 通信公司	9	270 639 463	7	5 197 490 394
科学应用国际公司	14	149 190 149	10	3 210 604 531
诺斯洛普·格鲁门公司	19	110 937 357	3	16 627 067 499
博思艾伦咨询公司	20	108 812 970	28	1 245 215 183
洛克希德·马丁公司	28	74 620 135	1	26 619 693 002
通用动力公司	35	56 883 056	4	10 526 161 839
戴尔公司	45	49 837 488	50	636 343 593
米特尔公司	58	38 479 032	48	652 276 956
波音公司	62	36 480 266	2	20 293 350 668

例如，国防巨头雷神公司（2006 年国防部拨款 101 亿美元）"2001 年在国土安全业务上投入了 3800 万美元，2002 年投入了 1.06 亿美元"。到 2005 年，它的国土安全销售额达到了"大约 4.45 亿美元"。同样，诺斯罗普·格鲁曼公司的一则广告吹嘘，该公司的"国土安全收入""从 2003 年的 5 亿美元飙升至 2005 年的约 10 亿美元"。2006 年，这两家公司与包括波音公司、洛克希德公司在内的其他军事公司的中坚力量展开了正面交锋，争取在 4 年时间里与国土安全部签署一份价值 25 亿美元的边境安全合同，最终波音公司赢得了这份合同。

与这些大名鼎鼎的军事承包商有关的丑闻也屡见不鲜。例如，据《华盛顿邮报》报道，波音公司是通过以下途径进入国土安全市场的：

> 2001 年 9 月 11 日恐怖袭击发生后不到 6 个月，400 多个机场安装了爆炸物探测系统。但这份合同遭到了美国国土安全部总监办公室的批评。该办公室发现，波音在一笔本应价值 5.08 亿美元，但后来增加至 12 亿美元的交易中获得了 4900 万美元的超额利润。调查人员还发现，波音公司将 92% 的工作分包出去，这些机器的误报率很高。

2006 年，根据一份两党国会报告显示，总价值 340 亿美元的 32 份单独的国土安全部合同，"经历了严重的超支、浪费和管理不善"。报告还指出，2003—2005 年，没有进行充分竞争的合同总价值达到 55 亿美元，在短短 3 年内增长了 739%。

人们熟悉的挥霍无度、政治分肥的故事也浮出了水面。据《华盛顿邮报》报道，美国国防合同审计署对国土安全部与五角大楼供应商皮尔森集团签订的雇佣机场安检人员的合同进行了审查，"发现了至少 2.97 亿美元的可疑成本，包括豪华酒店客房"。与此同时，据报道，2 名"美国运输安全管理局（TSA）雇员使用政府购物卡购买了价值 13.6 万美元的个人物品，包括皮制公文包"。

北方司令部和机构的字母汤

军事承包商并不是国土安全复合体唯一的主力军。美国军方本身也发挥着重要作用。2002 年，五角大楼成立了美国北方司令部，其行动区域是"美国的国土防线"。北方司令部对它不应该做的事情比实际做的要直截了当得多。它的网站反复强调，北方司令部不是警方的辅助机构，而重建时期的联邦警察部队法案阻止了军方过多干涉国内事务。尽管如此，北方司令部欣然承认（有点含糊）它"与联邦机构的合作关系"以及各组织之间的"信息共享"。据《华尔街日报》报道，北方司令部最初的指挥官拉尔夫·"埃德"·埃伯哈特将军是"美国自内战以来第一个拥有对美军绝对指挥权的将军"。当他对美国公共广播电视公司的《新闻 1 小时》节目发表言论时，他甚至更加直言不讳："我们不会在外面监视人们，我们从这样做的人那里得到信息。"

那些"有这种想法的人"正越来越多地搬到北方司令部的地盘。原来，北方司令部与北美防空司令部位于科罗拉多州的科罗拉多斯普林斯的彼得森空军基地，距丹佛只有一小段车程。2005

年，《华盛顿邮报》记者达纳·普里斯特报道了中央情报局计划"将其负责美国业务和招聘的国内分部从兰利总部迁至丹佛"。第二年，《华盛顿邮报》的威廉·阿金宣布，美国国家安全局"正在丹佛地区建设一个新的预警中心和数据仓库，将其大部分工作人员从马里兰州的米德堡调往科罗拉多州"。

其他机构也已派遣特工前往科罗拉多州与北美司令部合作。北方司令部的第二任指挥官、海军上将蒂莫西·J. 基廷在其 2005 年的一次讲话中，揭秘了与他的司令部合作的机构。

> 在我们位于科罗拉多斯普林斯的总部，我们有一个联合情报与融合中心——专业人才和尖端能力的独特结合，专注于与情报和执法机构共享信息和分析……整个范围包括从联邦调查局到中央情报局；从美国国家安全局到海岸警卫队；从弗吉尼亚州新成立的国家反恐中心，到包括美国和加拿大专家在内的五角大楼的外部情报中心。

北方司令部与美国情报部门（IC）的其他 12 个成员保持着良好的关系，包括空军情报部、陆军情报部、国防情报局、美国能源部、美国国土安全部、国务院、财政部、毒品管理局、海军陆战队情报部、国家地理空间情报局、国家侦查局、海军情报部。这些机构反过来又与行政和立法部门的情报单位保持联系，包括国家安全委员会、总统的外国情报咨询委员会、总统情报监督委员会、管理和预算办公室、参议院情报特别委员会、众议院常设情报特别委员会。

这份庞大的情报机构名单甚至还不够全面。如果变成首字母缩写模式，还有大量的不那么出名，甚至不为人知的情报／军事／安全相关的办公室、机构、咨询组织和委员会，例如反情报驻外活动组或 CIFA（基廷提到的）、空防侦察办公室（DARO）、国防部的国内警察部门五角大楼保卫局（PFPA）、情报部门的内部监督机构国防安全局（DSS）。此外，情报部门也有自己的类似于国防部高级研究计划局的神秘机构，最初被称为"高级研究计划局"（ARDA），现在被称为"颠覆性技术办公室"。

另一个知名的情报部门是国家反间谍行政办公室（NCIX）。该机构的主要目标是提高反间谍组织在识别、评估、优先处理和打击对美国的情报威胁方面的表现。为了帮助完成这项任务，反间谍行政办公室除了为"白宫、国会、国防部、情报部门和许多其他政府部门和机构提供分析"外，还提供可下载的"反间谍和安全意识海报"。其中一幅海报以美国《宪法第一修正案》的文本（国会不应制定任何法律……禁止自由行使或者剥夺言论自由……）和托马斯·杰斐逊的肖像为特色，但其附录中写道："美国的自由包括保护美国安全的责任——泄露敏感信息会侵蚀这种自由。"

2006 年，国家反间谍行政办公室发布了一张海报，上面写着："举报可疑行为，你也可以成为情报部门的超级英雄！"还有一张国家反间谍行政办公室的海报，看起来就像是穿越到民主德国的时空："美国的安全是你们的责任。记得观察和报告。"虽然国家反间谍行政办公室是一个默默无闻的机构，但它对《宪法第一修正案》和美国基本自由的改善决定，似乎表明了我们国家的国土安全正在走向何方。

其他国土的军事化

2005 年 1 月,《纽约时报》报道称,"为确保(总统)就职典礼组建了一支非凡的军队,它由 1.3 万名军人、警察和联邦特工组成",五角大楼在这个国家的首都部署了"使用最先进的武器的超级秘密突击队"。这是通过政府的指令来完成的,而这些指令削弱了 1878 年通过的《地方安保队法案》的效力。据《纽约时报》报道,驻扎在北卡罗来纳州布拉格堡的高度机密的联合特种作战司令部的秘密行动小组,当时正在执行"一个代号为'能量喷泉'的秘密反恐计划"。前陆军情报分析员威廉·阿金在《行动代码》一书中披露了这一计划,他透露在美国国防部联合参谋部的授权下,并在国防部特种作战司令部和北方司令部的支持下,"特别任务部队正在被用于美国法律外的任务……"

"能量喷泉计划"并不是特例。事实上,自 1989 年以来,以禁毒战争的名义,有一个多军种司令部(由大约 160 名士兵、水手、海军陆战队、飞行员和国防部特工组成),被称为联合特遣部队 6(JTF-6),向整个美国大陆的联邦、地区、州和地方执法机构提供"支持"。由于相关军事司令部发言人拒绝发表评论,目前还不清楚到底有多少这样的突击队以及他们在做什么。五角大楼发言人布赖恩·惠特曼只会说,"在任何特定时间,政府内部都有许多机密项目",能量喷泉计划"可能存在,也可能不存在"。

军队已经以各种方式侵入了美国的平民生活。2006 年阿金指出,1999 年开始的一项名为"潜在危险"的秘密计划使用了"最先进的信息技术和先进的分析技术……试图'勾画'基地组织的网络"。正如阿金所指出的,不仅最终在雷神公司的一家工厂落户的努力失败了，而且这个项目的一部分"非法收集美国公民的资料"这些资料原本储存在美国政府的档案文件中。

2003 年，陆军分包商火炬概念公司在不知情或未经名单上的人同意的情况下，获得了捷蓝航空全部 510 万乘客数据库的数据开发权，这是对平民隐私的公然侵犯，尽管如此，美国陆军仍判定该公司没有违反联邦《隐私法》。同年，《华尔街日报》报道称，美国海军情报办公室一直纠缠着美国海关交出其海上贸易数据库。起初，海关拒绝了海军的要求，但最终还是屈服于军事压力。美国国土安全部海关和边境保护局局长罗伯特·C. 邦纳向《华尔街日报》发送了一封真诚的邮件，为移交民用数据库辩解说："海军保证这些信息不会被滥用。"

2004 年，美国联邦调查局与国土安全部联合推出了"十月计划"。根据哥伦比亚广播公司的一篇新闻报道，这个计划包括"攻击性的——甚至是显而易见的监视技术将被使用……那些被怀疑是恐怖主义同情者，但没有犯罪的人，以及其他"有利害关系的人，包括他们的家庭成员，也有可能被送进监狱接受审讯"。2005 年末，美国国家安全局未经授权的窃听丑闻曝光，随后在2006 年初，美国电话电报公司（AT&T）交换中心内的"秘密房间"信息被披露。分布在美国各地的大约 15~20 个房间，显然是由军方创建的，目的是让美国国家安全局通过美国电话电报公司设施监控"电子语音和数据通信"。2006 年，《新科学家》杂志还发现，美国国家安全局为收集 MySpace.com 和其他社交网站上的所有个人信息提供研究资金。据《华盛顿邮报》报道，2007 年曝光的 2005 年未经授权的电子邮件和电话监听，是一场规模更大的秘密间谍行动的"一部分"。

美国公民自由联盟（ACLU）2005 年披露的文件显示，"联邦调查局调查了数个激进组织，包括善待动物组织（PETA）和绿色和平组织（Greenpeace），据称是为了发现可能存在的生态恐怖联系"，随后就被军事模拟追踪。2006 年，据透露，五角大楼"军力保护"部门军队反情报驻外活动组的分析人员负责追踪针对军事设施的威胁，"收集了近 40 次反战会议或抗议的信息，其中一次是在佛罗里达州沃思湖的贵格会会议室，另一次是加利福尼亚大学圣克鲁斯分校军事招聘会上，学生们进行反战示威活动"。他们甚至监视了和平活动人士在哈里伯顿休斯敦总部外举行的抗议活动。哈里伯顿是一家曾由副总统迪克·切尼领导的大型国防承包商。根据《新闻周刊》的一篇报道，一名五角大楼官员承认，"有美国人名字的报告可能有数千份"，2007 年的一份监察长报告发现，五角大楼不恰当地保留了其收集的信息。

2006 年，也有消息称，凯洛格·布朗·路特——哈里伯顿公司的前子公司，负责在关塔那摩建造监狱设施，并因在伊拉克战争地区的工作而引发一系列丑闻——从美国国土安全部获得了一份价值 3.85 亿美元的合同，为"意外涌入的移民"或"需要额外拘留空间的新项目"建造拘留中心。拘留措施历史悠久，从"一战"时提议关于在冲突期间监禁世界上的工业工人成员的建议，到"二战"期间对日本人和日裔美国人的强制迁移和监禁，到越战期间计划在国家紧急情况下围捕和监禁激进分子，面对可能发生的城市暴动，进行大规模拘留。这无疑引起了前五角大楼分析家丹尼尔·埃尔斯伯格的担忧。他说："几乎可以肯定的是，这是在为下一次"9·11"之后针对中东人、穆斯林，以及可能持不同意见的人的一次围捕做准备。""他们已经采取了小规模的行动，对来自伊斯兰国家的移民男子进行'特殊登记'拘留，并将他们关在关塔那摩。"

2007 年，北方司令部请求五角大楼允许"它建立自己的国内任务特种作战司令部"，阿金写道——本质上是为了建立一个官方的国土突击部队。正如阿金所观察到的那样，问题在于北方司令部"已经在做它请求许可做的事情"。早在 2002 年，也就是北方司令部成立的那一年，它就成立了一个"分区计划与行动小组（CPOC）"，负责计划和指挥美国在加拿大和墨西哥的一系列"分区"和"敏感"行动。从一开始，北方司令部的行动区域似乎就是另一个可以部署军队的战区。

和军方一样，国土安全部在美国也有自己的作战行动小组。2007 年 7 月 4 日，视觉多式联运保护和反应（VIPR）小组——由美国空军执勤人员、炸弹探测专家和国土安全部运输安全管理局的其他人员组成的小组——在华盛顿特区及其周边地区、波士顿、休斯敦、洛杉矶、旧金山等美国主要城市展开行动。据运输安全管理局称，在过去的 18 个月里，他们"与当地执法部门合作"执行了 84 次视觉多式联运保护和反应任务。与其他安全部队的伙伴关系——就像与相类似的军事机构北方司令部的伙伴关系一样——是国土安全部如何开展业务的关键。在这个部门的行动中心，"联邦调查局、中央情报局、特勤局和其他 33 个联邦机构都有自己的工作站。纽约、洛杉矶、华盛顿和其他 6 个主要城市的警察部门也是如此"。甚至在墙上和门上都有大标语，提醒工作人员："我们的使命：共享信息。"为了实现这一点，当地警察坐在"离正在下载进入这些机构的最新情报的中情局和联邦调查局特工只有一步之遥的地方"。

雇佣兵部队

20 世纪 90 年代启动的私有化计划，自 2001 年以来一直在加速推进，它已经从根本上改变了美国军队的性质，也改变了复合体本身。例如，到 2007 年年中，在美国大规模增兵期间，《洛杉矶时报》报道说，有"18 万多平民……根据美国的合同在伊拉克工作"——这支部队的人数比实际驻军人数多出 2 万人。根据美国政府问责局的一份报告，其中 4.8 万人受雇于私营军事公司。由黑水公司和戴阳国际集团等公司组织的这些雇佣军，也越来越多地出现在美国本土。

2005 年"卡特里娜"飓风过后，记者杰里米·斯卡希尔写了《黑水：世界上最强大雇佣军的崛起》。丹妮拉·克雷斯波报道说："黑水私人安保公司的武装准军事雇佣兵公开在新奥尔良街头巡逻，他们在伊拉克的工作臭名昭著。"黑水公司的工作人员告诉他们，他们为国土安全部工作，住在国土安全部设立的营地里。《华盛顿邮报》后来报道说，黑水公司"与国土安全部下属的联邦保护署签订了一份合同，为联邦应急管理署的设施提供安全保障，截至 2005 年 12 月底，黑水公司赚了大约 4200 万美元。目前在路易斯安那州工作的 330 名合同警卫中，大部分受雇于该公司"。

同样，2006 年从五角大楼获得超过 10 亿美元的戴阳国际集团也利用"卡特里娜"飓风作为进入美国本土的敲门砖。据《华盛顿邮报》报道，戴阳国际集团作为美国政府在伊拉克（2007 年底，当美国政府审计人员无法解释美国国务院为培训伊拉克警察提供的近 12 亿美元资金时，这家公司卷入了丑闻）和阿富汗（国防承包商计算机科学公司的子公司——2006 年国防部第 11 大承包商）的一个主要安全承包商，"在"卡特里娜"飓风过后首次执行国内任务，飓风过后在圣伯纳德教区为警察设立了住所和办公室，并派遣数十名私人安保人员前往该地区"。2006 年，戴阳国际集团和美国国土安全部的联邦应急管理署也签署了一份 2.5 亿美元的合同。2007 年 6 月，戴阳国际集团政府服务部门的总裁罗伯特·罗森克兰茨向众议院国土安全管理、调查和监督小组委员会提议，他的公司提供了 1000 名私人特工，以加强在美国边境巡逻的联邦部队。该提案得到了小组委员会资深共和党人迈克·罗杰斯（亚拉巴马州）的好评，他在 Federaltimes.com 上写道："戴阳国际集团和黑水公司等安全承包商可以帮助提供更多的人力。"国土安全复合体私有化的最终形式可能是军民结合，建立一支愿意监视他们的家人、朋友和邻居的公民军队。这些计划已经初具规模。

2002 年，布什政府试图通过"恐怖主义信息和预防系统"（简称 TIPS），诱使数百万美国人对自己的同胞进行监视，这一计划在国会遭遇惨败。但这些项目没有就此止步。恐怖主义信息和预防系统是公民服务队的一部分，这是 2002 年 1 月布什总统发起的一项倡议，并"由国土安全部在全国范围内协调"。另一个由公民服务队赞助的项目得以幸存。守望美利坚（USAOnWatch）成立，其网站上说，"由全国治安官协会和几个著名的联邦机构合作"，允许"当地社区的成员以及来自企业、政府机构和各种组织的代表与当地执法机构结成伙伴关系，建立社区监视项目"。然而，这些措施不仅是为了遏制犯罪，而且是为了"预防恐怖主义"。

除了创建 FBI "报告怀疑恐怖主义的网站"——tips.fbi.gov——以及国防部主页上的一个链接，向五角大楼部队保卫局"报告可疑活动"，国土安全部的海岸警卫队还启动了"美国水路（航路）监视"。这个项目依赖于"普通公民""符合逻辑地来确定什么是可疑的"，并向安全部队报告这些活动。网站上说，"你知道你有一份工作要做"，"你知道什么是'正常的活动'，反之，什么活动是'不正常的'"。

美国空军的国内监视项目鹰眼系统也采用了类似的严格标准，鹰眼是一项旨在让普通公民参与全球反恐战争的反恐倡议。鹰眼的网站告诉公众："我们鼓励你和你的家人学习可疑行为的分类"，并鼓励公众"只要发现可疑活动，就向一个由当地 24 小时电话号码组成的网络举报"。那么，哪些算是"可疑活动"呢？值得空军注意的行为包括使用静态或视频摄像机、做笔记、在地图上做注释或使用双筒望远镜。（观鸟者小心！）美国空军建议，目光敏锐的人应该警惕"不适当的可疑人员……那些似乎不属于工作场所、社区、商业机构或其他任何地方的人"。而空军承认"这一类很难定义"，它提供了一个经典的"一看就知道"的定义："关键是，人们知道在他们的社区、办公空间、通勤路上等地方，什么看起来正确，什么看起来不正确，如果一个人看上去不属于那个地方……""9·11"事件后，整个"国土安全"行业和文化的诞生，开启了一个军事-工业转型的时代。随着时间的推移，这个复合体（及其伴随而来的小复合体）变得越来越大，并越来越深入地融入美国社会，变得越来越像一个真实版的《黑客帝国》。

在艾森豪威尔担任总统期间，国会对其在告别演说中强烈批

认可的鹰眼标志。图片由美国空军提供。

评的"永久性军备工业"并不吝啬。在他执政的 8 年里，国防开支超过 3500 亿美元。以今天的美元计算，这个数字大约是 3 万亿美元。然而，根据独立研究所高级研究员罗伯特·希格斯对国家安全支出进行的复杂分析，如今，即便是冷战初期的巨额支出，在不到 4 年的时间里也将相形见绌。

希格斯不仅考虑了国防部和国土安全部的开支，还考虑了国务院、能源部和司法部、美国国家航空航天局预算中"国防"部分的开支，以及退伍军人事务部、财政部的军人退休基金的成本，和"过去由债务融资的国防支出所带来的净利息"。然后，他计算出美国一年的国家安全预算总额为 9349 亿美元，并估计 2007 年的实际支出为 0.987 亿～1.028 万亿美元。鉴于我们所了解的该复合体的扩张倾向，在可预见的未来，我们基本上能确信会有类似的预算。

从 20 世纪 40 年代到他在白宫的岁月里，艾森豪威尔一再批评无限制的国防开支是通往"驻军（卫戍型）国家"的道路，在那里，军队将对国家拥有非凡的影响力。今天，美国已经开始像艾森豪威尔所担心的那样。在全球驻军之后，这个复合体正以一种新的、令人不安的方式返回美国本土。

在未来的几年里，我们很可能会看到更多的这个复合体以前部署在国外的方面，比如雇佣兵、无人侦察机和计算机辅助跟踪技术的使用，这些都是由国土-安全复合体提供给美国的。与此同时，在海外战争和占领的推动下，该复合体也将继续膨胀。正如本书试图证明的那样，它已经是一个实体，其大小、规模和范围已经远远超出了艾森豪威尔所说的军事-工业复合体的大小、规模和范围，而且它最强大的方面根本不像一个驻军国家。从太阳镜到电子游戏，从高尔夫球场到甜甜圈，从热门电影到热门汽车，这个复合体的大部分外观看起来根本不像"军事"。

对于大多数美国人和地球上的许多其他民族来说，这个复合体是一个推动着我们的世界的强大引擎，它是由众多系统组成的庞大系统，一个真实的矩阵，隐藏在我们的视线之外。这个复合体的繁荣是建立在平民对自己在这个世界上的存在漠不关心的基础上的。但如果你仔细观察，它会突然成为焦点，几乎在任何地方都能看到：在我们的电视上，在我们看的电影里；在我们玩的电子游戏和我们买的产品中；我们喝的咖啡、穿的靴子；我们拥有的股票和访问的网站；在我们生活的几乎所有方面。

　　接下来是什么？也许《黑客帝国》的一句台词就说明了一切："为未来而战的开始。"

参考文献

为了提升阅读体验，我没有在每一页使用尾注，我已将所有引用的情况及相关信息放在网上。对我在书中写到的东西感兴趣、希望了解更多内容的读者可以登录网址 http://www.americanempireprogect.com 或者网址：http://www.nickturse.com。但是，这些注解并未将本书所有引述的内容包含在内。

有关企业及其与五角大楼合同的信息大多出自国防部发布的资料，特别是年度采购报告、总结以及国防部发布的其他数据信息。这些数据来源中最重要的就是合同承包商清单，这类资料内容通常长达 4000~6000 页。国防部会不时在网上发布这些资料，但有时会相隔很长时间才发布一次，同时一些旧的资料会被彻底删除，只留下一些无法显示具体内容的链接。

正因为如此，提供一些人们无法再次看到的引用资料是毫无意义的。另外值得注意的一点就是，想从国防部来验证采购文件上信息的准确性也是非常困难的，而合同承包商通常又不愿或无法证实资金数据的准确性或签署合同的目的，有时甚至不愿证实合同是否真的存在。但是，尽管存在上述种种不利条件，国防部的采购数据仍然是一种很有说服力、可以充分加以利用的信息来源，从这些数据里可以深入分析企业与军方开展的合作。

其他一些与采购相关的文件也在部分章节的撰写中发挥了重要作用。举例而言，第二章"军事-学术复合体"的撰写大量参考了国防部发布的"研发、测试与评估机构 100 强"年度清单。

书中的其他多个章节参考了来自国防部官方网站的信息，其网址是：http://www.defenselink.mil/。虽然该网站党派色彩浓厚，但它还是提供了大量关于美军的有用信息。本书中有很多涉及合同承包商签署合同的具体信息都是来源于该网站发布的数据。

写作本书——尤其是第四章"全球房东"——时用到的另一个主要信息来源是国防部年度《基地形势报告》。自 1999 年起，该报告每年发布，其内容主要为国防部掌控的产业情况，其中包含大量与全球各军事基地的位置、规模等相关的有用信息（虽然也有一定局限性）。

由于格式特殊，本书第十一章"60 亿电影和没有分别"中注解极少。但本章的写作大量参考了劳伦斯·苏德所撰写的《勇气与荣誉：电影中的美国军队形象》（莱克星顿：肯塔基大学出版社，2002 年）。我们参考的另一本著作是弗兰克·麦克亚当斯所写的《美国战争电影：历史与好莱坞》（康涅狄格州韦斯特波特：普雷格出版社，2002 年）。除此之外，我们还使用了互联网电影数据库（http://www.imdb.com）的资料，以及弗吉尼亚大学互联网电影数据库子机构的资料，其网址是 http://oracleofbacon.org。

本书的撰写还得益于其他多位作者及记者的作品，他们的作品中对军事问题的描述令我们受益匪浅。在复合体的技术层面，诺亚·沙楚曼的研究独一无二。如果没有他的作品，本书的撰写将面临巨大的困难。他的作品可以参阅《连线》杂志的"危险空间"博客（网址：blog.wired.com/defense/）。本书的完成还得益于记者威廉·阿肯所著的《代号：解密美军在"9·11"之后的计划、项目和行动》（新罕布什尔州汉诺威：斯蒂尔福斯出版社，2005 年），他在近年来所写的专栏文章让我们能够一窥国防部及情报界一些秘密行动的内涵。他的名为"预警"的博客能够通过《华盛顿邮报》的网站链接看到（http：//blogs.washingtonpost.com/earlywarning/）。

我在写作过程中还参考了一些旧资料，其中包括怀特·米尔斯所著的《权力精英》（纽约：牛津大学出版社，1957），塞缪尔·米尔曼所著的《五角大楼的资本主义》（纽约：麦克劳-希尔出版社，1970 年）和《美国的战争经济：解读美国军事工业和经济》（纽约：圣马西出版社，1971 年）；詹姆斯·多诺万的《美国军事主义》（纽约：斯克里布纳出版社，1970 年）；希德尼·兰斯所著《军事-工业复合体》（费城：清教徒出版社，1970 年）。

对我们理解当今的军事主义大有帮助的其他近期作品还有：安德鲁·巴瑟维奇的《美利坚帝国：美国外交的现实与结果》（马萨诸塞州坎布里奇：哈佛大学出版社，2002 年）；诺姆·乔姆斯基所著的《霸权还是生存：美国对全球控制力的追求》（纽约：大都会图书公司，2003 年）；卡尔·博格斯的《帝国幻想：美国军事主义与无休止的战争》（纽约：罗曼 & 利特菲尔德出版社，2005 年）；查尔梅尔·约翰逊所著的《帝国伤痛：军事主义、秘密和共和国的终结》（纽约：大都会图书公司，2004 年）。

另有多部极具特色的著作也对本人的写作提供了巨大帮助，包括：罗伯特·拉塔姆编撰的《炸弹与带宽：信息技术与安全之间日益显现的联系》（纽约：新出版社，2003 年）；詹姆斯·德·德里安所著的《虚拟战争：解析军事−工业−媒体−娱乐网络》（科罗拉多州博尔德：韦斯特维尔出版社，2001 年）；艾德·赫尔特所著的《从孙子到 XBOX：战争与电子游戏》（纽约：桑德斯茅斯出版社，2006 年）；劳伦·冈萨雷斯的百科全书式文章《当两个部落爆发战争：电子游戏争端的历史》和《再定义游戏：学术界如何重塑了游戏的未来》（两篇文章均可参见网址：http：//www.gamespot.com）。

致　谢

　　著书立说从来都不是一个简单的过程。本书的完成得益于很多人的帮助——其中最重要的就是本书编辑、我的挚友汤姆·恩格尔哈特。任何作者能够与他合作都是一件很幸运的事。毫不夸张地讲，他在编辑界是独一无二的。他所做的不光是花费了大量时间阅读和编辑我的手稿、提出建议和意见这么简单，他还对我的作品进行了精细的加工，修改了文中的一些愚蠢的错误，帮我解决了一些非常深奥的问题。我至今都不知道如何才能表达我的感激之情，所以在这里我要说一句："谢谢你，汤姆！"

　　我还想感谢很多人，首先就是萨拉·布什特尔。她是主流出版界的希望，也是本项目最重要的推动者。从项目开始，她就付出了大量的时间，提出了很多颇有见地的意见。我想象不出在出版界还有谁比她更优秀。我还想向大都会图书公司的里瓦·赫奇曼表示感谢。凯特·勒文、格里高利·托夫比斯和梅根·科克也对本书的完成提供了巨大帮助，在此一并表示感谢。我的助理美利莎·弗莱什曼协助我克服了很多困难，谢谢你，美利莎！

我还特别想感谢维奇·海尔，她为本书的版本编辑付出了诸多努力。艾利斯·勒文则为本书的复审做出了很大贡献。我还想对为我写作本书提供各种建议、独到见解和为我释疑解惑的所有人表示感谢——尤其是军事界的一些朋友，他们提供的信息让我分析复合体变得简单。除此之外，我还想向那些通过TomDispatch.com网站给我提供信息和意见的人表示感谢，希望未来仍能得到你们的帮助。在此还要感谢其他研究过复合体问题并给我的写作提供过直接或间接帮助的作家和记者。

我尤其想在此感谢我的父母，多年来，他们不仅对我的写作提供了帮助和鼓励，而且在本项目开始时为我的写作提供了场所，同时也感谢我的其他家人为我提供了写作空间。

最后也是最重要的是，我想在此感谢塔姆，从该项目开始，她就一直陪伴着我经历了一切。她不仅给我提出了专业的、建设性的意见和建议，帮助我校订书稿，协助我解决了行文中的诸多问题，而且对我提供了巨大的支持，在她的帮助下，本书才能顺利完成。我对她的感谢难以言表。

在此还对所有帮助编辑、加工和完善本书的人员表示感谢。书中的所有错误责任在我，当然五角大楼也难辞其咎！

图书在版编目（CIP）数据

复合体：军事如何入侵我们每日的生活 / (美) 尼克·图尔斯著；李相影，陈学军译. -- 北京：民主与建设出版社，2020.10（2021.10重印）

（娱乐时代的美军形象塑造系列译丛 / 李相影，张力主编）

书名原文: The complex:How The Military Invades Our Everyday Lives

ISBN 978-7-5139-2657-7

Ⅰ.①复… Ⅱ.①尼… ②李… ③陈… Ⅲ.①军事—文化—研究—美国 Ⅳ.①E712-05

中国版本图书馆CIP数据核字(2020)第262451号

THE COMPLEX:How The Military Invades Our Everyday Lives by Nick Turse
Copyright ©2008 by Nick Turse.
Published by arrangement with Metropolitan Books,an imprint of Henry Holt and Company，New York.
Simplified Chinese edition copyright ©2021 by Ginkgo (Beijing) Book Co., Ltd.
All rights reserved.
本书中文简体版由银杏树下（北京）图书有限责任公司出版
版权登记号：01-2021-0511

复合体：军事如何入侵我们每日的生活
FUHETI : JUNSHI RUHE RUQIN WOMEN MEIRI DE SHENGHUO

著　者	［美］尼克·图尔斯（Nick Turse）	译　者	李相影　陈学军
选题策划	后浪出版公司	出版统筹	吴兴元
编辑统筹	郝明慧	责任编辑	王　颂
特约编辑	程培沛	封面设计	墨白空间·黄海

出版发行　民主与建设出版社有限责任公司
电　　话　（010）59417747　59419778
社　　址　北京市海淀区西三环中路 10 号望海楼 E 座 7 层
邮　　编　100142
印　　刷　天津创先河普业印刷有限公司
版　　次　2021 年 3 月第 1 版
印　　次　2021 年 10 月第 2 次印刷
开　　本　889 毫米 ×1194 毫米　1/32
印　　张　9.5
字　　数　160 千字
书　　号　ISBN 978-7-5139-2657-7
定　　价　45.00 元

注：如有印、装质量问题，请与出版社联系。